U0958096

青少年素质教育丛书

国学家教必读

中国历代名言佳句精选

GUOXUE JIAJIAO BIDU

ZHONGGUO LIDAI MINGYAN JIAJU JINGXUAN

陈平文 ◎编著

能够让人终身受益的，是平和的心态、广博的学识和智慧的大脑。而这一切，正是国学能够带给孩子的！

从古到今，国学精华，尽收其中。

附含小学语文课本各册中必背的诗词、名言佳句、俗语、歇后语等，**小升初必备！**

暨南大學出版社
JINAN UNIVERSITY PRESS
中国·广州

图书在版编目（CIP）数据

国学家教必读／陈平文编著. —广州：暨南大学出版社，2010.6

ISBN 978-7-81135-502-4

Ⅰ.①国…　Ⅱ.①陈…　Ⅲ.①国学—通俗读物　Ⅳ.①Z126-49

中国版本图书馆 CIP 数据核字（2010）第 071947 号

出版发行：暨南大学出版社

地　址：中国广州暨南大学
电　话：总编室（8620）85221601
　　　　营销部（8620）85225284　85228291　85220693（邮购）
传　真：（8620）85221583（办公室）　85223774（营销部）
邮　编：510630
网　址：http：//www.jnupress.com　http：//press.jnu.edu.cn

排　版：暨南大学出版社照排中心
印　刷：虎彩印艺股份有限公司

开　本：890mm×1240mm　1/32
印　张：9.5
字　数：230 千
版　次：2010 年 6 月第 1 版
印　次：2010 年 6 月第 1 次

定　价：24.80 元

前 言

中华民族有着数千年的悠久历史，在灿若星辰的历史长河中，产生了无数影响一代又一代人的名言佳句。这些名言佳句构成了我国国学的精髓，成为我国民族文化的精华。

本书编者作为大学英语教师，除了出色地完成自己的本职工作以外，还热衷于对自己的孩子进行“国学”的家庭教育。从孩子六岁就读小学一年级开始，编者利用大约六年的时间，使孩子掌握了本书的绝大部分内容。因此，本书可以看作是编者成功进行“国学家庭教育”的结晶，对我国具备一定条件的家庭的国学教育有很高的参考价值。

本书以时间为线索，共分为十二章，收录了我国上至先秦、下至现当代的数千名言佳句，内容不仅包括历朝历代的名人名言，也包括了《百家姓》《千字文》《三字经》《名贤集》和《增广贤文》中的精华。本书以“书”或“人”为纲，详细列出了该“书”或该“人”的传世经典名言。凡是独立成诗或独立成词的，还在整诗或整词后面标明了该诗诗名或该词词名。因此，本书层次清楚，内容一目了然，使用极为方便。

为方便家长辅导孩子的小学语文，本书特将小学语文课本中出现的诗词、名言佳句、俗语和歇后语等进行了全面汇总，作为附录附在本书的最后。

在本书的编写过程中，编者曾参阅过大量的相关资料和研究成果。在此，谨向所有相关作者表示衷心的感谢。

编者相信，通过熟读此书，读者可以最大限度、快捷地了解我国博大精深的“国学”的精髓，使自己更加“腹有诗书气自华”。

本书在出版过程中得到了暨南大学出版社古碧卡和陆祖康编辑的支持和帮助，在此，谨向他们表示衷心的感谢。

由于编者水平有限，书中难免存在疏漏、不妥甚至错误之处，恳请广大读者、同行和专家批评指正。

陈　平　文

2010 年 3 月于深圳职业技术学院

目 录

前 言 /1
第一章 先秦时期的名言佳句 /1
第一节 老子《道德经》中的名言佳句 /1
第二节 “四书”中的名言佳句 /8
第三节 “五经”中的名言佳句 /35
第四节 先秦时期的其他名言佳句 /45
第二章 秦汉时期的名言佳句 /62
第一节 秦、西汉时期的名言佳句 /62
第二节 东汉时期的名言佳句 /68
第三节 汉代无名氏的名言佳句 /71
第三章 三国时期的名言佳句 /73
第四章 两晋时期的名言佳句 /79
第一节 西晋时期的名言佳句 /79
第二节 东晋时期的名言佳句 /83
第五章 南北朝时期的名言佳句 /86
第一节 南朝时期的名言佳句 /86
第二节 北朝时期的名言佳句 /90
第六章 隋唐时期的名言佳句 /93
第一节 李白的名言佳句 /93
第二节 杜甫的名言佳句 /100
第三节 白居易的名言佳句 /106
第四节 隋唐时期其他人的名言佳句 /110

第七章　宋朝时期的名言佳句　/ 150
第一节　北宋时期的名言佳句　/ 150
第二节　南宋时期的名言佳句　/ 169
第八章　元朝时期的名言佳句　/ 187
第九章　明朝时期的名言佳句　/ 198
第一节　施耐庵《水浒传》中的名言佳句　/ 198
第二节　罗贯中《三国演义》中的名言佳句　/ 199
第三节　吴承恩《西游记》中的名言佳句　/ 200
第四节　明朝时期其他人的名言佳句　/ 201
第十章　清朝时期的名言佳句　/ 213
第一节　曹雪芹《红楼梦》中的名言佳句　/ 213
第二节　清朝时期其他人的名言佳句　/ 216
第十一章　现当代的名言佳句　/ 232
第一节　毛泽东的名言佳句　/ 232
第二节　鲁迅的名言佳句　/ 239
第三节　现当代其他人的名言佳句　/ 242
第十二章　《三字经》《名贤集》《增广贤文》中的名言佳句　/ 245
第一节　《三字经》中的名言佳句　/ 245
第二节　《名贤集》中的名言佳句　/ 246
第三节　《增广贤文》中的名言佳句　/ 249
附录：小学语文课本中的诗词、名言佳句、俗语、歇后语等　/ 264

第一章

先秦时期的名言佳句

第一节　老子《道德经》中的名言佳句

兵强则灭，木强则折。强大处下，柔弱处上。

大意：用兵逞强就会遭到灭亡，树木强大了就会遭到砍伐摧折。凡是强大的，反而处在下面的位置，凡是柔弱的，反而处在上面的位置。

不出户，知天下；不窥牖，见天道。

大意：不出大门，可以知道天下事理；不望窗外，可以明白自然规律。

不可得而亲，不可得而疏；不可得而利，不可得而害；不可得而贵，不可得而贱。

大意：不能因为得到了就觉得受到青睐，没有得到就觉得被人疏远；不要因为得到了就认为受了益，没有得到就认为是受到了伤害；不要因为得不到就把它看得很尊贵，从而自感卑贱。

不尚贤，使民不争；不贵难得之货，使民不为盗；不见可欲，使民心不乱。

大意：不推崇有才德的人，这样可以使老百姓不去争夺；不珍爱难以得到的财物，这样可以使老百姓不去偷窃；不显耀足以引起贪心的事物，这样可以使民心不被迷乱。

持而盈之，不如其已；揣而锐之，不可长保。金玉满堂，莫之

能守；富贵而骄，自遣其咎。功遂身退，天之道也。

大意：持有的东西已经足够丰富时，不如适时停止；经捶打而变得尖锐的东西，其锐势不能长期保持。金玉满堂，不能长久守住；富贵骄横，会给自己种下祸根。成功后谦让退避，是符合自然规律的道理。

大方无隅，大器晚成，大音希声，大象无形。

大意：最方正的反而没有棱角，最重的器物总是最后才完成，最大的乐声听起来反而少有声音，最大的形象反而看不见形体。

大直若屈，大巧若拙，大辩若讷。

大意：最正直的东西看起来好像弯曲，最灵巧的东西看起来好像笨拙，最好的口才看起来好像不善言辞。

道可道，非常道。名可名，非常名。无名天地之始，有名万物之母。

大意：可以用语言说出来的“道”，它就不是永恒的“道”；可以用语言说出来的“名”，它就不是永恒的“名”。“无”是天地的本始，“有”是万物的根。

道生一，一生二，二生三，三生万物。

大意：“道”是独一无二的统一体，这个统一体产生出阴阳二气，阴阳二气相交而形成一种调匀和谐的状态，这种适匀状态便产生出万物。

甘其食，美其服，安其居，乐其俗。邻国相望，鸡犬之声相闻，民至老死不相往来。

大意：（人民）吃得香甜，穿得舒服，住得安适，自我满足于朴素宁静的生活和习俗。邻国之间可以互相看得见，鸡鸣狗叫的声音彼此都听得清楚，但人民直到老死也不相互往来。

合抱之木，生于毫末；九层之台，起于累土；千里之行，始于

足下。

大意：合抱粗的大树，生长于细小的萌芽；九层高的高台，筑起于每一堆泥土；千里的远行，是从脚下第一步开始走出来的。

祸兮福之所倚，福兮祸之所伏。

大意：祸与福互相依存，可以互相转化。比喻坏事可能引出好的结果，好事也可能引出坏的结果。

见素抱朴，少私寡欲，绝学无忧。

大意：保持纯洁、朴实的本性，减少私欲杂念，抛弃所谓的学问，达到没有忧虑的境地。

静胜躁，寒胜热，清静为天下正。

大意：安静克服浮躁，清寒克服炎热，清静无为是天下共同参照的正则。

抗兵相若，哀者胜矣。

大意：对阵的两军实力相当时，悲痛的一方常可以获得胜利。

六亲不和，有孝慈；国家昏乱，有忠臣。

大意：家人之间不团结，才有所谓的孝慈；国家陷于混乱，才有所谓的忠臣。

民不畏死，奈何以死惧之？

大意：人民不怕死，又怎么能用死来威胁他们呢？

民不畏威，则大威至。

大意：当人民不怕威胁的时候，那么对统治者的大的威胁就要来了。

飘风不终朝，骤雨不终日。

大意：大风刮不到一早晨就会过去，急雨下不到一天就会停止。比喻坏人坏事不会长久。

其政闷闷，其民淳淳；其政察察，其民缺缺。

大意：政治宽厚仁慈，人民就纯朴善良；政治猜忌多疑，人民就恐慌生乱不遵守法纪。

轻诺必寡信，多易必多难。

大意：轻易答应人家要求，一定很少守信用；把事情看得太容易，遇到的困难就一定多。

轻则失根，躁则失君。

大意：轻率就会失去根基，躁动就会丧失主宰。

曲则全，枉则直，洼则盈，敝则新，少则多，多则惑。

大意：委曲反而能保全，弯曲反而能伸直，低洼反而能充盈，破旧反而能生新，少取反而能多得，贪多反而会迷惑。

人法地，地法天，天法道，道法自然。

大意：人以地为法则，地以天为法则，天以“道”为法则，“道”则纯任自然，以它自己的样子为法则。

人之所畏，不可不畏。

大意：别人所畏惧的，我不可以不畏惧。

柔弱胜刚强。

大意：柔弱能够战胜刚强。

弱之胜强，柔之胜刚，天下莫不知，莫能行。

大意：弱能胜强，柔能克刚，天下没有不知道这个道理的，但是没有人能够遵循它。

善为士者不武；善战者不怒；善胜敌者不与；善用人者为之下。

大意：真正的勇士不会杀气腾腾；善于打仗的人不用气势汹汹；神机妙算的人不必与敌人交锋；善于用人的人甘愿居于他人之下。

善行无辙迹，善言无瑕谪。

大意：善于行走的，不留痕迹，善于言谈的，不会讲错话。

上德不德，是以有德。

大意：真正有德的人，不自以为有德，所以是有德。

上善若水。水善利万物而不争，处众人之所恶，故几于道。

大意：最高的善就像水一样，水善待万物却不与万物相争，它总是处于人们所厌恶的（低下）地方，所以最接近“道”。

慎终如始，则无败事。

大意：一个人始终保持谨慎，就不会有不成功的事情。

圣人常无心，以百姓心为心。

大意：一个品德高尚的人，通常是没有私心的，他们把满足人民大众的内心愿望作为自己的愿望。

圣人欲上民，必以言下之；欲先民，必以身后之。

大意：圣人想要统治人民，必须用言辞对人民表示谦下；想要领导人民，必须把自己的利益放在人民的利益之后。

俗人昭昭，我独昏昏。俗人察察，我独闷闷。

大意：一般人是那么清醒精明，唯有我如此糊里糊涂。一般人是那么严格苛刻，唯有我如此淳厚质朴。

天道无亲，常与善人。

大意：天道不分亲疏，总是帮助那些行善的人。

天地不仁，以万物为刍狗；圣人不仁，以百姓为刍狗。

大意：天地没有仁爱，对待万事万物就像对待刍狗一样，任凭万物自生自灭；圣人也没有仁爱，对待百姓也同样像对待刍狗那样，任凭他们自作自息。刍狗：用草扎成的狗，供祭祀时用。

天地相合，以降甘露。

大意：天神地气交合一处，相互作用，以至于降下甘露。

天网恢恢，疏而不失。

大意：自然法则之网，广大宽松，却无失漏。

天下难事，必作于易；天下大事，必作于细。

大意：天下的难事，一定从简易开始；天下的大事，必定由细小开始。

天下万物生于有，有生于无。

大意：天下万物生于有形体的天地，天地生于无形体的“道”。

天下有道，却走马以粪。天下无道，戎马生于郊。

大意：天下政治正常合理，没有战争，战马就会退还给老百姓去耕田种地。天下政治秩序混乱、不合理，战争频繁，连怀胎的母马也被用来作战，以至在战场上产仔。

天下之至柔，驰骋天下之至坚。

大意：天下最柔软的东西，可以在最坚硬的东西中奔流。

天之道，利而不害；圣人之道，为而不争。

大意：自然的规律是有利而无害；圣人的行为准则是有所作为，却不去与别人争夺。

微妙玄通，深不可识。

大意：精微、奥妙而灵通的东西，深奥得不能理解。

为无为，事无事，味无味。

大意：以无为的态度去有所作为，以不滋事的方法去处理事物，以恬淡无味当作有味。

为学日益，为道日损。

大意：求学，知识就会一天天增多，而求道，情欲就会一天天减少。

五色令人目盲，五音令人耳聋，五味令人口爽。

大意：缤纷的色彩，使人眼花缭乱；纷繁的音乐，使人听觉不灵敏；丰美的饮食，使人味觉迟钝。

信言不美，美言不信。善者不辩，辩者不善。知者不博，博者不知。

大意：真实可信的话不漂亮，漂亮的话不可靠。善良的人不巧说，巧说的人不善良。真正有知识的人不卖弄，卖弄自己懂得多的人不是真有知识。

言有宗，事有君。

大意：无论讲话还是办事都有宗旨和依据，都有章可循，而不是信口开河胡乱行事。

有无相生，难易相成，长短相形，高下相盈，音声相和，前后相随。

大意：有和无由互相对立而产生，难和易由互相对立而形成，长和短由互相对立而体现，高和下由互相对立而存在，音和声由互相对立而和谐，前和后由互相对立而出现。

知人者智，自知者明。胜人者有力，自胜者强。知足者富。强行者有志。不失其所者久，死而不亡者寿。

大意：了解别人的叫做机智，了解自己的才算聪明。战胜别人的是有力，战胜自己的才算做刚强。知道满足的就是富有。努力不懈的就是有志。不离失根基的才能持久，身死而精神长存的才是真正的长寿。

知者不言，言者不知。

大意：有智慧的人不会胡乱说话，胡乱说话的不是有智慧的人。

知足不辱，知止不殆。

大意：知道满足就不会遭受屈辱，知道适可而止就不会遇到险情。

知足之足，常足矣。

大意：知道满足这样的满足，就会永远满足。

治大国若烹小鲜。

大意：治理大国要像烹调小鱼一样。比喻治理大国应当无为，能轻而易举地治理国家。

治人事天，莫若啬。

大意：治理人，处置事情，没有比节俭、爱惜、吝啬更好的了。

致虚极，守静笃。

大意：尽量使心灵达到一种虚寂状态，牢牢地保持这种宁静。

重积德则无不克。

大意：重视积累德行，就能克服一切困难。

重为轻根，静为躁君。

大意：持重（厚重、远见、谨慎、从容不迫）是轻快行事、灵活机动的基础，冷静（平静、深思、理智、周全）是热烈（躁动、冒险、急切、勇敢）的主宰。

第二节　“四书”中的名言佳句

一、《大学》中的名言佳句

财聚则民散，财散则民聚。

大意：（只顾）聚积财富，民众就会离散；把财富分给民众，民众才会凝聚。

大学之道，在明明德，在亲民，在止于至善。知止而后有定，定而后能静，静而后能安，安而后能虑，虑而后能得。物有本末，事有始终。知所先后，则近道矣。

大意：大学的宗旨在于弘扬光明正大的品德，在于使人弃旧图新，在于使人达到最完善的境界。知道应达到的境界才能够志向坚定，志向坚定才能够镇静不躁，镇静不躁才能够心安理得，心安理得才能够思虑周详，思虑周详才能够有所收获。每样东西都有根本有枝末，每件事情都有开始有终结。明白了这本末始终的道理，就接近事物发展的规律了。

富润屋，德润身，心广体胖，故君子必诚其意。

大意：财富可以修饰房屋，道德可以修养人的身心，使人心胸宽广，身体安适舒坦，所以有道德修养的人一定要使自己的意念诚实。

苟日新，日日新，又日新。

大意：如果能每天除旧更新，就要天天除旧更新，不间断地更新又更新。

古之欲明明德于天下者，先治其国；欲治其国者，先齐其家；欲齐其家者，先修其身；欲修其身者，先正其心；欲正其心者，先诚其意；欲诚其意者，先致其知；致知在格物。

大意：古代那些要想在天下弘扬光明正大品德的人，先要治理好自己的国家；要想治理好自己的国家，先要管理好自己的家庭和家族；要想管理好自己的家庭和家族，先要修养自身的品性；要想修养自身的品性，先要端正自己的心思；要想端正自己的心思，先要使自己的意念真诚；要想使自己的意念真诚，先要使自己获得知识；获得知识的途径在于认识、研究万事万物。

君子贤其贤而亲其亲，小人乐其乐而利其利，此以没世不忘也。

大意：君子尊重贤人，亲近亲族，一般平民百姓享受安乐，获得利益。所以，人们永远不会忘记他们。

仁者以财发身，不仁者以身发财。

大意：有仁德的人用财富来发展自身，没有仁德的人则利用自己的身心去聚敛财富。

生财有大道，生之者众，食之者寡，为之者疾，用之者舒，则财恒足矣。

大意：生产财富有正确的途径：生产的人多，消费的人少，生产的人速度快，消费的人用得慢，那么财富便会经常充足。

十目所视，十手所指。

大意：个人的言论行动总是在群众的监督之下，不能做坏事，做了也不可能隐瞒。

为人君，止于仁；为人臣，止于敬；为人子，止于孝；为人父，止于慈；与国人交，止于信。

大意：做国君的，要做到仁爱；做臣子的，要做到恭敬；做子女的，要做到孝顺；做父亲的，要做到慈爱；与他人交往，要做到讲信用。

无所不用其极。

大意：做坏事时任何极端的手段都会使出来。

物格而后知至，知至而后意诚，意诚而后心正，心正而后身修，身修而后家齐，家齐而后国治，国治而后天下平。

大意：通过认识、研究万事万物后才能获得知识；获得知识后意念才能真诚；意念真诚后心思才能端正；心思端正后才能修养品性；品性修养后才能管理好家庭和家族；管理好家庭和家族后才能治理好国家；治理好国家后天下才能太平。

二、《中庸》中的名言佳句

博学之，审问之，慎思之，明辨之，笃行之。

大意：要广泛地学习，详细地求教，慎重地思考，明确地辨别，诚心诚意地实行。

诚者，天之道也；诚之者，人之道也。

大意：诚实是天道的法则；做到诚实是人道的法则。（即天生诚实的人，为人处事合乎道理，不必考虑言语是否得当。）

凡事预则立，不预则废。

大意：不论做什么事，事先有准备，就能成功，事先没有准备，就会失败。

好学近乎知，力行近乎仁，知耻近乎勇。

大意：喜欢学习就接近了智，努力实行就接近了仁，知道羞耻就接近了勇。

居上不骄，为下不倍。

大意：身居高位时不骄傲，身居低位时不背叛作乱。

君子和而不流。

大意：有道德修养的人，为人和顺，但不随波逐流。

君子素其位而行，不愿乎其外。

大意：君子只求就现在所处的地位做他应该做的事，不希望去做本分以外的事。

君子中庸，小人反中庸。

大意：君子所作所为合乎中庸的道理，而小人所作所为却违反中庸的道理。

上不怨天，下不尤人。

大意：对上不埋怨老天，对下不怨恨他人。

天命之谓性，率性之谓道，修道之谓教。

大意：上天所给予人的气质叫做性，依照本性去做事叫做道，修道的方法就是教化。

隐恶而扬善。

大意：隐蔽别人的坏处，宣扬别人的好处。

愚而好自用，贱而好自专。

大意：愚笨的人偏要自以为是，卑贱的人偏爱一意孤行。

祖述尧舜，宪章文武。

大意：遵循尧舜之道，效法周文王、周武王之制。

三、《论语》中的名言佳句

爱之欲其生，恶之欲其死。

大意：喜爱他时，总想叫他活着；讨厌他时，总想叫他死掉。指极度地凭个人爱憎对待人。

饱食终日，无所用心。

大意：整天吃饱了，不用心思干正事。

暴虎冯河，死而无悔者，吾不与也。

大意：赤手空拳和老虎搏斗，不用船只去渡河，连死都不后悔的人，我是不会和他共事的。

博学而笃志，切问而近思。

大意：博学并且志向坚定，好问并且多多思考当前的事情。

博学于文，约之以礼。

大意：广泛地学习文化，用礼法来约束自己。

不愤不启，不悱不发。举一隅而不以三隅反，则不复也。

大意：不到他努力想弄明白而不得的程度不要去开导他；不到他心里明白却不能完善表达出来的程度不要去启发他。如果他不能举一反三，就不要再反复地给他举例了。

不患贫而患不均，不患寡而患不安。

大意：不怕财富不多，就怕财富不平均；不怕人太少，就怕不安定。

不患人之不己知，患不知人也。

大意：不怕别人不了解自己，就怕自己不了解别人。

不患人之不己知，患其不能也。

大意：不怕别人不了解自己，就怕自己没有能力。

不患无位，患所以立；不患莫己知，求为可知也。

大意：不怕自己没有合适的位置，就怕自己没有胜任这个位置的才能；不怕没有人知道自己，去追求足以使别人知道自己的本领好了。

不迁怒，不贰过。

大意：不迁怒于人，不重复自己的过错。

不学《诗》，无以言；不学《礼》，无以立。

大意：不学《诗经》，就无法表达自己的意思；不学习《礼记》，就无法在社会中立足。

不怨天，不尤人。

大意：不埋怨上天，不怨恨别人。

不在其位，不谋其政。

大意：不在那个职位上，就不过问该职位的事务。

不重则不威，学则不固。

大意：不庄重就没有威严，即使学习，所学也不会巩固。

朝闻道，夕死可矣。

大意：早晨听说并理解了真理，即使晚上死去也知足了。

成事不说，遂事不谏，既往不咎。

大意：已经做了的事不必再解释了，已经完成的事不必再挽救了，已经过去的事不必再追究了。

辞达而已矣。

大意：言辞只要能表达意思就行了。

当仁，不让于师。

大意：面对仁义的事，即使在老师面前也不必谦让。

道不同，不相为谋。

大意：信仰主张不同的人，就不能在一起谋划。比喻意见或志趣不同的人无法共事。

道听而涂说，德之弃也。

大意：在道路上听到传言就到处去乱说，这是道德所唾弃的。

道之以政，齐之以刑，民免而无耻；道之以德，齐之以礼，有耻且格。

大意：以政令来教导，以刑罚来管束，百姓会因希望免于刑罚而服从，但不知羞耻；以德行来教化，以礼制来约束，百姓会知道羞耻并且可以走上正善之途。

德不孤，必有邻。

大意：有道德的人是不会孤单的，一定会有志同道合的人来和他相伴。

发愤忘食，乐以忘忧，不知老之将至。

大意：发愤用功，连吃饭都忘了，快乐得把一切忧虑都忘了，连自己快要老了都不知道。

饭疏食饮水，曲肱而枕之，乐亦在其中矣。不义而富且贵，于我如浮云。

大意：吃粗饭喝清水，弯起胳膊当枕头，快乐就在其中了。干不义的事得到了财富和地位，对我来说，就如同浮云一样。

放于利而行，多怨。

大意：如果一个人只依据个人的利益而行动，就会招致很多的怨恨。

非礼勿视，非礼勿听，非礼勿言，非礼勿动。

大意：不该看的别看，不该听的别听，不该说的别说，不该动的别动。

父母在，不远游。游必有方。

大意：父母在世，不出远门。如果要出远门，必须要有一定的去处。

父母之年，不可不知也。一则以喜，一则以惧。

大意：儿女不能不知道父母的年龄。一方面因父母长寿而高兴，而另一方面则因父母一年年的年迈而担忧。

父为子隐，子为父隐。

大意：父亲替儿子隐瞒，儿子替父亲隐瞒。

割鸡焉用牛刀。（后来演化为："杀鸡焉用宰牛刀。"）

大意：杀只鸡何必用宰牛的刀。比喻办小事情用不着花大气力。

工欲善其事，必先利其器。

大意：工匠要做好工作，必须先使工具锋利。比喻要做好一件事，要先做好准备工作。

攻夫异端，斯害也已。

大意：批判那些不正确的议论，祸害就可以消灭了。

躬自厚而薄责于人，则远怨矣。

大意：多责备自己，少责备别人，那就可以远离别人的怨恨了。

古之学者为己，今之学者为人。

大意：古代的人学习是为了提高自己，现在的人学习是为了给别人看。

《关雎》，乐而不淫，哀而不伤。

大意：《关雎》这首诗，快乐而不放纵，哀怨而不伤感。

过而不改，是谓过矣。

大意：知道过错而不改正，这才是真正的错误。

过犹不及。

大意：做事过分就好比做得不够一样，皆不妥当。

后生可畏，焉知来者之不如今也？

大意：年轻人是值得敬畏的，怎么就知道后一代不如前一代呢？

惠而不费，劳而不怨，欲而不贪，泰而不骄，威而不猛。

大意：给别人好的利益，对自己没有牺牲损害；做事任劳，还要任怨；欲望可以有，但不可过分贪求；泰然自若而不骄傲；有威仪但不凶猛。

己所不欲，勿施于人。

大意：自己不想要的东西，不要施加给人家。

己欲立而立人，己欲达而达人。

大意：自己立身修德，也要让别人立身修德，自己通达事理，也要让别人通达事理。

既来之，则安之。

大意：既然来了，就要安下心来。

见利思义，见危授命。

大意：看到利益，想到道义，在危急关头勇于献出自己的生命。

见贤思齐焉，见不贤而内自省也。

大意：看到品德高尚、知识丰富的人，就向他看齐，而遇见没有修养的人，就在心里思考一下自己有没有这方面的缺点。

见义不为，无勇也。

大意：见到合乎道德应该做的事而不去做，就是没有勇气。

敬鬼神而远之。

大意：尊敬而不亲近之意。常用来指对某些人所持的一种态度，即不愿理睬他，又怕得罪他，所以对他客客气气。

举直错诸枉，则民服；举枉错诸直，则民不服。

大意：将正直的人置于邪恶的人之上，民众就会服从。将邪恶的人置于正直的人之上，民众就不会服从。

君君臣臣，父父子子。

大意：君守君道，臣守臣道，父守父道，子守子道，各守各的本分。

君使臣以礼，臣事君以忠。

大意：君主应该按照礼的要求去使唤臣子，臣子应该忠心来侍奉君主。

君子不器。

大意：君子不像器具那样，作用仅仅局限于某一个方面。用于赞美别人多才多艺。

君子不以言举人，不以人废言。

大意：君子不能因为一个人说得好听而提拔他，不能因为一个人是坏人就连他说的正确的话也不听。

君子成人之美，不成人之恶；小人反是。

大意：君子成全他人的好事，不促成别人的坏事，而小人却与之相反。

君子耻其言而过其行。

大意：君子认为话说得很漂亮而行动却跟不上是可耻的。

君子和而不同，小人同而不和。

大意：君子尽管与他人思想观念不一样，但能够与他人和睦相处；小人尽管与他人思想观念一样，但不能够与他人和睦相处。

君子怀德，小人怀土；君子怀刑，小人怀惠。

大意：君子心念的是道德，小人心念的是乡土；君子想的是法制，小人想的是利益。

君子矜而不争，群而不党。

大意：君子庄重而不与别人争执，合群而不结党营私。

君子居之，何陋之有？

大意：有德能的人住在这里，有什么简陋的呢？

君子求诸己，小人求诸人。

大意：君子做什么事都靠自己，小人做什么事都依赖他人。

君子上达，小人下达。

大意：君子向上，通达仁义；小人向下，追求名利。

君子食无求饱，居无求安，敏于事而慎于言，就有道而正焉，可谓好学也已。

大意：君子饮食不求饱，居住不要求舒适，对工作勤劳敏捷，说话却小心谨慎，接近有道的人而匡正自己，这样可以说是好学了。

君子泰而不骄，小人骄而不泰。

大意：君子泰然自若而不骄傲，小人骄傲而不泰然自若。

君子坦荡荡，小人常戚戚。

大意：君子胸怀宽广，无忧无虑，小人则常常忧愁哀怨。

君子务本，本立而道生。

大意：君子专心致力于根本的事务，根本建立了方法也就有了。

君子学以致用其道。

大意：君子通过学习来领悟道理。

君子以文会友，以友辅仁。

大意：君子通过文章学问来交谊会友，借着朋友间的交流和帮助来增进仁德。

君子忧道不忧贫。

大意：君子只担心道的问题而不担心生活是否贫困的问题。

君子有九思：视思明，听思聪，色思温，貌思恭，言思忠，事思敬，疑思问，忿思难，见得思义。

大意：君子有九种要思考的事：看的时候，要思考是否看清楚；听的时候，要思考是否听清楚；自己的脸色，要思考是否温和；自己的容貌，要思考是否谦恭；言谈时，要思考是否忠诚；办事时，要思考是否谨慎严肃；遇到疑问时，要思考是否应该向别人询问；愤怒时，要思考是否有后患；获取财利时，要思考是否合乎义的准则。

君子有三戒：少之时，血气未定，戒之在色；及其壮也，血气方刚，戒之在斗；及其老也，血气既衰，戒之在得。

大意：君子有三种事情应该引以为戒：年少的时候，血气还不成熟，要戒除对女色的迷恋；等到身体成熟了，血气方刚，要戒除与人争斗；等到老年，血气已经衰弱了，要戒除贪得无厌。

君子欲讷于言，而敏于行。

大意：君子说话要谨慎，而行动要敏捷。

君子喻于义，小人喻于利。

大意：君子通晓义，小人通晓利。

君子周而不比，小人比而不周。

大意：君子团结但是不搞帮派，小人搞帮派但是不团结。

君子周急不济富。

大意：君子周济穷人而不是去周济富有的人。

老而不死是为贼。

大意：责骂老而没有德行的人的话。

老者安之，朋友信之，少者怀之。

大意：让年老的安心，让朋友信任，让年幼的得到关怀。

礼之用，和为贵。

大意：礼的应用，以和谐为贵。

里仁为美。

大意：与仁者为邻，是一件美事。

临大节而不可夺也。

大意：面临生死存亡的紧急关头而不动摇屈服。

民可使由之，不可使知之。

大意：对老百姓，只能使他们按照我们的意志去做，不能使他们懂得为什么要这样做。

民无信不立。

大意：一个人或者一个国家，如果不能得到老百姓的信任就要垮掉。

敏而好学，不耻下问。

大意：聪敏又勤学，不以向职位比自己低、学问比自己差的人求学为耻辱。

名不正则言不顺，言不顺则事不成。

大意：名分不正，说起话来就不顺当合理，说话不顺当合理，事情就办不成。

磨而不磷，涅而不缁。

大意：磨了以后不变薄，染了以后不变黑。比喻意志坚定的人不会受环境的影响。

鸟之将死，其鸣也哀；人之将死，其言也善。

大意：鸟快要死的时候，其鸣叫的声音是悲哀的；人快要死的时候，他说出来的话是善良的。

贫而无谄，富而无骄。

大意：贫穷而不谄媚，富有而不骄傲自大。

其身正，不令而行；其身不正，虽令不从。

大意：如果一个人本身就很正直，不需要他命令，别人也会行动；如果他本身不正直，即使是命令了，别人也不会服从。

巧言令色，鲜矣仁。

大意：花言巧语，一副讨好人的脸色，这样的人是很少有仁德的。

群居终日，言不及义。

大意：整天成群地聚在一起，不讲正经事。

人而无信，不知其可。

大意：一个人不讲信用，真不知道他怎么能行。

人能弘道，非道弘人。

大意：人能把道扩大，而不能用道来扩大人。意即人能发扬光大道，而不是要道发扬光大自己。

人无远虑，必有近忧。

大意：一个人没有长远的考虑，一定会有近在眼前的忧患。

仁者安仁，知者利仁。

大意：仁者实行仁德而心安，有智慧的人认识到仁的真义而利用仁。

日知其所亡，月无忘其所能。

大意：每天知道自己所未知的，每月不要忘记自己所已知的。

入则孝，出则弟，谨而信，泛爱众，而亲人。行有余力，则以学文。

大意：出入家庭要孝顺父母，尊敬兄长，做事要谨慎并且言而有信，要平等地热爱众人，亲近品德高尚的人。能够做到这些还有余力的话，那么就可以去学习文化知识了。

三军可夺帅也，匹夫不可夺志也。

大意：军队可以改变主帅，但大丈夫不可改变志向。

三人行，必有我师焉。择其善者而从之，其不善者而改之。

大意：三个人当中必定有一个人可以当我的师傅。选择他们中好的地方去学习，选择他们中不好的地方去改正。

三思而后行。

大意：经过反复考虑，然后再去做。

三月不知肉味。

大意：三个月之内吃肉不觉得有味道。比喻集中注意力于某一事物而忘记了其他事情。也借用来形容几个月不吃肉。

色厉而内荏。

大意：外表严厉而内心虚弱。

慎终追远，民德归厚矣。

大意：谨慎地对待人生命的结束，追怀先祖，民风就会归于淳厚。

生而知之者，上也；学而知之者，次也；困而学之，又其次也；困而不学，民斯为下矣。

大意：生来就知道的是最上等的；通过学习才知道的是次一等的；遇到困难才学习的又是次一等的；遇到困难仍然不学习的是最下等的。

《诗》三百，一言以蔽之，曰："思无邪。"

大意：《诗经》中三百多首诗，用一句话来概括，就是

“思想不邪”。

食不厌精，脍不厌细。

大意：粮食舂得越精越好，肉切得越细越好。形容食物要精制细做。

食不语，寝不言。

大意：吃东西的时候不要说话，睡觉的时候不要说话。

士不可不弘毅，任重而道远。仁以为己任，不亦重乎？死而后已，不亦远乎？

大意：有志者不可以不培养坚强的意志，因为责任重大而且路途遥远。以实现仁德为自己的责任，这样的责任不是很重大吗？奋斗到死才停止，这个历程不是很遥远吗？

仕而优则学，学而优则仕。

大意：当官还有余力就去学习，学习还有余力就去当官。

视其所以，观其所由，察其所安。

大意：（要了解一个人，应该）看他当前的言行，看是什么原因导致了他当前的言行，看他的实际用心和目的是什么。

是可忍也，孰不可忍也。

大意：这件事情都能容忍，还有哪件事情不能容忍呢？意即这是最不能容忍的事情了。

死生有命，富贵在天。

大意：人的生命是命里注定的，富贵是上天安排的。

四海之内皆兄弟也。

大意：普天下的人都情同手足，亲如弟兄。

四体不勤，五谷不分。

大意：不参加劳动，不能辨别五谷。

驷不及舌。

大意：四匹马拉的车也追不回所说的话。比喻一句话说出来，再也无法收回。

岁寒，然后知松柏之后凋也。

大意：年岁寒冷，然后才知道松树和柏树是最后萎谢的。

听其言而观其行。

大意：既要听他的言论，又要看他的实际行动。

往者不可谏，来者犹可追。

大意：以往的事情不可挽回，未来的却还来得及改正。

为政以德，譬如北辰，居其所而众星拱之。

大意：当政者要施行德政，（那样的话）就像北极星一样，在天上不动，但全国的人自然会团结在其周围。

唯女子与小人为难养也。近之则不逊，远之则怨。

大意：唯独女子与小人难养啊，与他们亲近，他们就不尊重你；疏远他们，他们又会怨恨你。

唯上知与下愚不移。

大意：只有上等的聪明人与下等的愚笨的人是不可改变性情的。

未得之也，患得之。既得之，患失之。

大意：没有得到的时候，担心得不到。等得到了，又担心失去。

未能事人，焉能事鬼？

大意：没能侍候好人，怎么能侍候好鬼呢？言外之意是说侍候好在世的人才是重要的。

温故而知新，可以为师矣。

大意：温习旧的知识因而获得新的知识，这样就可以去做别人的老师了。

温良恭俭让。

大意：温和、善良、恭敬、节俭、忍让（五种美德）。

我非生而知之者，好古，敏以求之者也。

大意：我不是生来就懂得知识，只不过是爱好古代文化，勤奋敏捷地去探求它罢了。

无可无不可。

大意：没有什么行，也没有什么不行。怎样办都行，表示没有一定的主见。

无为而治。

大意：无所作为而使天下得到治理。

无友不如己者。过则勿惮改。

大意：不交不如自己的朋友。有了错误就不怕改正。

吾日三省吾身：为人谋而不忠乎？与朋友交而不信乎？传不习乎？

大意：我每天多次反省自己：为别人做事，是否不尽心、忠实？和朋友交往，是否不真诚？对老师所传授的知识，是否没有认真复习？

吾十有五而志于学，三十而立，四十而不惑，五十而知天命，六十而耳顺，七十而从心所欲，不逾矩。

大意：我十五岁开始立志学习，三十岁能自立于世，四十岁遇事就不迷惑，五十岁懂得了什么是天命，六十岁能听得进不同的意见，到七十岁才能随心所欲，想怎么做便怎么做，也不会超出规矩。

先行其言而后从之。

大意：先去实践自己想要说的话，等到真的做到了以后才把它说出来。

贤贤易色。

大意：敬重德行而不看重容貌。

小不忍则乱大谋。

大意：小事不忍耐就会坏了大事。

朽木不可雕也，粪土之墙不可圬也。

大意：腐烂的木头不可以雕琢，不干净的墙面不能粉刷。

学而不思则罔，思而不学则殆。

大意：学习而不思考，就会迷惑；思考而不学习，就会危险。

学而不厌，诲人不倦。

大意：（自己）学习不感到厌烦，教育学生不感到厌倦。

学而时习之，不亦说乎？有朋自远方来，不亦乐乎？人不知而不愠，不亦君子乎？

大意：学了又时常温习和练习，不是很愉快吗？有志同道合的人从远方来，不是很令人高兴吗？人家不了解我，我也不怨恨、恼怒，不也是一个有德的君子吗？

言必信，行必果。

大意：说话一定守信用，做事一定有结果。

仰之弥高，钻之弥坚。

大意：越仰望越显得高远，越研钻它越显得坚固。

一以贯之。

大意：自始至终贯穿到底。

以能问于不能，以多问于寡。

大意：有能力的向无能力的请教，知识丰富的向知识缺少的请教。

益者三乐，损者三乐。

大意：有益的快乐有三种，有害的快乐有三种。

益者三友，损者三友。

大意：有益的朋友有三种，有害的朋友有三种。

有教无类。

大意：不管什么人都可以接受教育。

愚不可及。

大意：愚蠢得别人比不上。形容极其愚笨。

与朋友交，言而有信。

大意：和朋友相处，说话就要算数。

欲罢不能。

大意：想停止也不能停止。指迫于形势，无法中止。

欲速则不达，见小利则大事不成。

大意：想求快反而达不到目的，贪求小利就做不成大事。

知者不惑，仁者不忧，勇者不惧。

大意：聪明人不会迷惑，有仁义的人不会忧愁，勇敢的人不会畏惧。

知者乐水，仁者乐山；知者动，仁者静；知者乐，仁者寿。

大意：智者喜爱水，仁者喜爱山；智者好动，仁者好静；智者快乐，仁者长寿。

知之为知之，不知为不知，是知也。

大意：知道就是知道，不知道就是不知道，这就是聪明的态度。

知之者不如好之者，好之者不如乐之者。

大意：懂得它的人，不如爱好它的人；爱好它的人，又不如以它为乐的人。

志士仁人，无求生以害仁，有杀身以成仁。

大意：那些有志向、有仁德的人，没有为了谋求生存而损害仁德，只有献出自己的生命来成就仁德。

质胜文则野，文胜质则史。文质彬彬，然后君子。

大意：质朴胜过了文饰就会粗野，文饰胜过了质朴就会虚浮。质朴和文饰比例恰当，然后才可以成为君子。

中人以上，可以语上也；中人以下，不可以语上也。

大意：中等资质以上的人，可以告诉他深奥的道理；中等资质以下的人就很难让他了解深奥的道理。

众恶之，必察焉；众好之，必察焉。

大意：众人厌恶他，一定要仔细审查；众人都喜欢他，（也）一定要仔细审查。

子谓《韶》："尽美矣，又尽善也。"

大意：孔子讲到《韶》时说："极其美好，同时极其完善。"

子在川上曰："逝者如斯夫！不舍昼夜。"

大意：孔子站在河边说："时间就像这奔流的河水一样，不论白天黑夜不停地流逝。"寓意光阴似流水一样一去不回，要倍加珍惜。

四、《孟子》中的名言佳句

爱人者，人恒爱之；敬人者，人恒敬之。

大意：爱别人的人，别人总会爱他；尊敬别人的人，别人总会尊敬他。

彼一时，此一时也。

大意：那是一个时候，现在又是一个时候。表示时间不同，情况有了变化。

博学而详说之，将以反说约也。

大意：广博地学习，详尽地解说，目的在于融会贯通后返归到简约去。

不为已甚。

大意：不做太过分的事情。

不孝有三，无后为大。

大意：不孝有三种情形，没有传宗接代是最大的不孝。

不以规矩，不能成方圆。

大意：不凭借规和矩，是画不成方形和圆形的。比喻做事要遵循一定的法则。

恻隐之心，人皆有之；羞恶之心，人皆有之；恭敬之心，人皆有之；是非之心，人皆有之。

大意：同情心，人人都有；羞耻心，人人都有；恭敬心，人人都有；是非心，人人都有。

大人者，不失其赤子之心者也。

大意：有德行的人能保持那种婴儿般天真纯朴的心灵。

当今之世，舍我其谁也？

大意：当今的世界上，除了我还有哪一个？形容人敢于担当，遇有该做的事绝不退让。

得道者多助，失道者寡助。

大意：拥有道义的人支持的人就很多，失去道义的人支持的人就很少。

独乐乐，与人乐乐，孰乐？

大意：独自欣赏音乐和与别人一起欣赏音乐，哪个更快乐呢？

方寸之木，高于岑楼。

大意：把一寸高的木块放在高楼顶上，它就会比高楼还高。比喻不把两者放在一个标准上进行比较，就会得出错误的结论。

夫子言之，于我心有戚戚焉。

大意：夫子说的话，我深有感触。戚戚，感动、触动的样子，指心中产生了共鸣。

父母之命，媒妁之言。

大意：父母的命令，媒人的话语。指婚姻由父母作主，并经媒人介绍。

富贵不能淫，贫贱不能移，威武不能屈。

大意：富贵不能迷乱他的思想，贫贱不能改变他的操守，威武不能压服他的意志。

恭者不侮人，俭者不夺人。

大意：对人有礼貌的人不会去侮辱别人，俭朴的人不会去掠夺别人的财富。

故天将降大任于斯人也，必先苦其心志，劳其筋骨，饿其体肤，空乏其身，行拂乱其所为，所以动心忍性，增益其所不能。

大意：所以上天将要把重大责任降落在这样的人身上，一定要先使他的内心痛苦，使他的筋骨劳累，使他经受饥饿，以致肌肤消瘦，使他经受贫困之苦，使他做的事颠倒错乱，总不如意，通过那些来使他的内心警觉，使他的性格坚定，增加他不具备的才能。

饥者甘食，渴者甘饮。

大意：饥饿的人，能吃到食物就感到是美味，口渴的人，能喝到水就感到是甘甜。

饥者易为食，渴者易为饮。

大意：饥饿的人什么食物都可以吃，口渴的人什么饮品都可以喝。比喻需要急迫的人容易满足。

尽信书，则不如无书。

大意：完全相信书本，不如没有书。指读书时应该加以分析，不能盲目地迷信和完全相信，而应当辩证地去看问题。

拒人于千里之外。

大意：把人挡在千里之外。形容态度傲慢，坚决拒绝。

君子引而不发。

大意：君子拉开弓却不把箭射出去。比喻善于启发引导。

孔子登东山而小鲁，登泰山而小天下，故观于海者难为水，观于圣人之门者难为言。

大意：孔子登上东山，就觉得鲁国变小了；登上泰山，就觉得整个天下都变小了。所以观看过大海的人，便难以被其他水所吸引了；在圣人门下学习过的人，便难以被其他言论所吸引了。

劳心者治人，劳力者治于人。

大意：耗费心力的人统治别人，耗费体力的人被别人统治。

老吾老，以及人之老；幼吾幼，以及人之幼。天下可运于掌。

大意：尊敬自己的父母长辈，从而推广到尊敬所有人的父母长辈；爱护自己的孩子，从而推广到爱护所有人的孩子，做到这一点，统一天下就像在手掌心里转动东西那样容易。

乐民之乐者，民亦乐其乐；忧民之忧者，民亦忧其忧。

大意：把百姓的快乐当成自己的快乐的人，那百姓也会把他的快乐当成自己的快乐；把百姓的忧愁当成自己的忧愁的人，百姓也会把他的忧愁当成自己的忧愁。

乐以天下，忧以天下。

大意：与天下人同乐，与天下人同忧。

民为贵，社稷次之，君为轻。

大意：人民处在第一位，国家其次，君主在最后。

男女授受不亲。

大意：男女之间不亲手传递和接受物品。这是封建社会男女社交的成规。

其进锐者，其退速。

大意：急于求进者往往后退也快。

穷则独善其身，达则兼济天下。

大意：不得志时就洁身自好修养个人品德，得志时就使天下都能这样。

取之左右逢其原。

大意：做事得心应手，非常顺利。

权，然后知轻重；度，然后知长短。

大意：称一下才知道轻重，量一下才知道长短。

人不可以无耻，无耻之耻，无耻矣。

大意：人不能没有羞耻心，把没有羞耻心当作羞耻，那就不会有耻辱了。

人皆可以为尧舜。

大意：人人都可以成为尧舜那样的大圣人。

人有不为也，而后可以有为。

大意：人只有对某些事舍弃不干，才可以有所作为。

人之患，在好为人师。

大意：人的毛病在于喜欢做别人的老师。

仁者无敌。

大意：有仁爱之心的人天下无敌。

三过其门而不入。

大意：多次经过他家门口，但他却没有进去。原是夏禹治水的故事，后比喻热心工作，因公忘私。

生于忧患，死于安乐。

大意：拥有忧患意识，才可以生存；安逸享乐，就会走向灭亡。

声闻过情，君子耻之。

大意：君子以名声超过实际为耻。

顺天者存，逆天者亡。

大意：顺从天道的就生存，违背天道的则灭亡。

天时不如地利，地利不如人和。

大意：好的时机不如好的地理环境，好的地理环境不如人心团结。

天下之本在国，国之本在家，家之本在身。

大意：天下的基础是国，国的基础是家，家的基础是个人。

万物皆备于我。

大意：天下万物都具备在我心中。

王顾左右而言他。

大意：齐宣王看着两旁的人，说别的话。形容无话对答，有意避开本题，用别的话搪塞过去。

往者不追，来者不拒。

大意：走了的不追究，有来的不拒绝。

我善养吾浩然之气。

大意：我善于培养我的浩然之气。

无为其所不为，无欲其所不欲。

大意：不要让他做不愿做的事情，不要让他想不想得的东西。

五十步笑百步。

大意：作战时后退了五十步的人讥笑后退了一百步的人。比喻自己跟别人有同样的缺点错误，只是程度上轻一些，却毫无自知之明地去讥笑别人。

贤者以其昭昭使人昭昭，今以其昏昏使人昭昭。

大意：贤人先使自己明白，然后才去使别人明白；今天的人则是自己都没有搞清楚，却想去使别人明白。

心之官则思，思则得之，不思则不得也。

大意：心的官能在于思考，思考才能获得，不思考便不能获得。

学问之道无他，求其放心而已矣。

大意：做学问的方法，没有别的，只是要求找回自己放纵散漫的心。

仰不愧于天，俯不怍于人。

大意：仰起头来看看觉得自己对天无愧，低下头去想想觉得自己不愧于别人。

一日暴之，十日寒之，未有能生者也。

大意：即使有天下最容易生长的植物，晒它一天，又冻它十天，没有能够长大的。比喻做事一日勤，十日怠，没有恒心，是不会成功的。

以德服人者，中心悦而诚服也。

大意：用道德使人归服的，是心悦诚服。

以天下与人易，为天下得人难。

大意：把自己的天下给予别的人容易，为了这天下找个贤能的人困难。

鱼，我所欲也；熊掌，亦我所欲也。二者不可得兼，舍鱼而取熊掌者也。生，亦我所欲也；义，亦我所欲也。二者不可得兼，舍生而取义者也。

大意：鲜鱼，是我想要的东西，熊掌，也是我想要的东西。（如果）两样东西不能一齐得到，（只好）放弃鲜鱼而要熊掌。生命，也是我想要的，正义，也是我想要的。（如果）生命和正义不能够同时得到，（只好）牺牲生命来保住正义。

知者无不知也，当务之为急；仁者无不爱也，急亲贤之为务。

大意：智者没有什么事物不该知道，但是急于知道当前最重要的事情；仁者没有什么人不该爱，但是急于爱德才兼备的贤人。

自暴者，不可与有言也。自弃者，不可与有为也。

大意：自己糟蹋自己的人，不能和他讲什么道理。自己鄙弃自己的人，不能和他一起去做事。

第三节 “五经”中的名言佳句

一、《诗经》中的名言佳句

哀哀父母，生我劬劳。

大意：可哀呀可哀，我的父母啊！（你们）生养我们子女非常辛劳。

不敢暴虎，不敢冯河。

大意：不敢空手搏虎，不敢涉水过河。比喻谨慎从事。

出自幽谷，迁于乔木。

大意：鸟儿从幽深的山谷迁移到高树上去。比喻乔迁新居。

高岸为谷，深谷为陵。

大意：高岸变成深谷，深谷变成大土山。原是对自然现象的描写，后用以比喻时过境迁，现多比喻一切事物在一定条件下都向其相反的方面转化。

高山仰止，景行行止。

大意：巍峨高山要仰视，平坦大道能纵驰。比喻值得效法的崇高德行。

关关雎鸠，在河之洲。窈窕淑女，君子好逑。

大意：关关鸣叫的水鸟，栖居在河中沙洲。善良美丽的姑娘，是君子的好配偶。

靡不有初，鲜克有终。

大意：做事无不有个好的开端，但很少有坚持到底的。

普天之下，莫非王土。率土之滨，莫非王臣。

大意：凡是天下的土地没有不属于帝王的，凡是在天下水土上生活的人没有谁不是帝王的臣民。

七月流火，九月授衣。

大意：农历七月，一颗名为“火”的星星出现在西边天空时，暑热开始消退，到九月天就冷了，要多穿衣裳了。

巧笑倩兮，美目盼兮。

大意：巧笑的两靥多好看，水灵的双睛分外娇。

巧言如簧，颜之厚矣。

大意：花言巧语像笙簧，脸皮真是太厚了。

青青子衿，悠悠我心。

大意：你那青青的衣领啊，深深萦绕在我的心间。

人而无仪，不死何为？

大意：人活着如果不重视礼仪，那么活着能干什么呢？

如切如磋，如琢如磨。

大意：好像把骨角玉石加工成器物那样。比喻共同商讨，互相砥砺。

深则厉，浅则揭。

大意：水深了就穿着衣服渡过去，水不深就提起衣裳走过去。

手如柔荑，肤如凝脂。

大意：手像柔荑，柔嫩洁白，皮肤像凝脂，光洁白润。

硕鼠硕鼠，无食我黍。

大意：大老鼠呀大老鼠，不要吃我种的黍。

所谓伊人，在水一方。

大意：所爱恋的那个心上人，在水的另一边。

他人有心，予忖度之。

大意：别人有什么心思，我能揣测到。

他山之石，可以攻玉。

大意：别的山上的石头，能够用来琢磨玉器。比喻能帮助自己改正缺点的人或意见。

桃之夭夭，灼灼其华。

大意：桃树翠绿繁茂，花儿盛开。

投我以木瓜，报之以琼琚。

大意：你将木瓜投赠我，我拿琼琚作回报。比喻滴水之恩，当以涌泉相报或者知恩图报。

投我以桃，报之以李。

大意：他人送给我桃子，我以李子回赠他。比喻朋友之间礼尚往来或互相赠送东西。

昔我往矣，杨柳依依。今我来思，雨雪霏霏。

大意：当初我出征时，杨柳依依随风吹。如今我回来时，大雪纷纷满天飞。

信誓旦旦，不思其反。

大意：誓言说得真实可信，没想到他会变心。

言者谆谆，听者藐藐。

大意：说的人很诚恳，听的人却不放在心上。形容徒费口舌。

一日不见，如三秋兮。

大意：一天不见面，好像隔了三年那样长。

战战兢兢，如临深渊，如履薄冰。

大意：因害怕而身体微微发抖，如同处于深渊边缘一般，好像走在薄冰上一样。形容小心谨慎。

知我者，谓我心忧。不知我者，谓我何求。

大意：了解我的人说我正在心忧，不了解我的人说我到底是为了什么。

执子之手，与子偕老。

大意：牵起你的手，与你一同白头偕老。

周虽旧邦，其命维新。

大意：周国虽然是旧的邦国，但其使命在于变法、创新。

二、《尚书》中的名言佳句

好问则裕，自用则小。

大意：喜欢提出问题向别人请教，知识就丰富。自以为是，知识就浅薄。

皇天无亲，惟德是辅。

大意：老天爷公正无私，总是帮助品德高尚的人。

火炎昆冈，玉石俱焚。

大意：火烧昆仑山，宝玉和石头一起烧毁。比喻好的坏的、贵的贱的一起毁灭。

满招损，谦受益。

大意：自满会招致损失，谦虚可以得到益处。

木从绳则正，后从谏则圣。

大意：木依从绳墨砍削就会正直，君主依从谏言行事就会成为圣人。

日月光华，旦复旦兮。

大意：日月光明照耀，日复一日永无停息。表达了地球自转、天体运行的客观事实，又指时光轮转，有永恒之意。

若网在纲，有条而不紊。

大意：像拴在大绳上的网一样，有条理而不紊乱。形容有条有理，一点不乱。

诗言志，歌咏言。

大意：用诗来表达自己的志向和决心，用歌来表达自己的内心想法和情感。

天作孽，犹可违；自作孽，不可逭。

大意：老天造成的灾难还可以避免，自己造成的祸害就无法逃避。

玩人丧德，玩物丧志。

大意：戏弄他人会使人丧失做人的道德，沉迷于玩赏某些事物会使人丧失进取的志向。

为山九仞，功亏一篑。

大意：堆九仞高的山，只缺一筐土而不能完成。比喻做事情只差最后一点没能完成。

中夜以兴，思免厥愆。

大意：半夜起来，想法子避免过失。

三、《礼记》中的名言佳句

傲不可长，欲不可纵，志不可满，乐不可极。

大意：骄傲不可以滋长，欲望不可以放纵，不能让自己志得意满，不应该使自己乐到极端。

不食嗟来之食。

大意：不接受带有侮辱性的或不怀好意的施舍。比喻人有骨气。

差若毫厘，谬以千里。

大意：开始时虽然相差很微小，但结果会造成很大的错误。

大道之行也，天下为公。

大意：大道实行的时代，天下是属于公众的。

独学而无友，则孤陋而寡闻。

大意：自己孤独而没有其他朋友的学习，就会导致学识浅陋，见闻不广。

苟利国家，不求富贵。

大意：如果事情是对国家有利的，我可以不计较个人得失去做。

贵人而贱己，先人而后己。

大意：尊重别人而把自己看得轻，事先考虑别人，然后才考虑自己。

教学相长。

大意：教和学两方面互相影响和促进，都得到提高。

苛政猛于虎。

大意：残酷压迫剥削人民的政治比老虎还要可怕。

口惠而实不至，怨灾及其身。

大意：空口答应给人好处而实际做不到，就会招致被怨恨的灾祸。

礼不下庶人，刑不上大夫。

大意：庶人没有资格受礼遇，大夫拥有特权不受刑。

礼尚往来。往而不来，非礼也；来而不往，亦非礼也。

大意：礼节重在相互往来：有往无来，不符合礼节；有来无往，也不符合礼节。

美轮美奂。

大意：形容房屋高大、众多与华丽。

善歌者使人继其声，善教者使人继其志。

大意：善于唱歌的人，能使人沉醉在歌声中流连不忘；善于教学的人，能使人继承他的志向而努力不懈。

使老有所终，壮有所用，幼有所长，鳏寡孤独废疾者皆有所养。

大意：使老人得以安享天年，壮年人得以贡献才力，小孩得以顺利成长，使死了妻子的鳏夫、死了丈夫的寡妇、失去父母的孤儿、失去儿子的独老和有残疾的人都能得到供养。

天无二日，土无二王，家无二主，尊无二上。

大意：天上没有两个太阳，一国不能同时有两个国王，一家之内没有两个主人，一个国家没有两个皇帝。比喻一国、一地、一族、一家等不可同时有二主。

瑕不掩瑜，瑜不掩瑕。

大意：缺点遮盖不了优点，而优点同样遮盖不了缺点。

学然后知不足，教然后知困。

大意：学习之后，才知道自己的缺点；教学以后，才知道自己的知识贫乏。

一张一弛，文武之道。

大意：宽、严相结合，是文王、武王治理国家的方法。现用来比喻生活的松紧和工作的劳逸要合理安排。

有犯而无隐。

大意：有冒犯也不顾忌。指对上敢于无所隐讳地直言正谏。

玉不琢，不成器；人不学，不知道。

大意：玉不打磨雕刻，就不会成为精美的器物；人不学习，就不会知道世间的道理。

四、《易经》中的名言佳句

二人同心，其利断金；同心之言，其臭如兰。

大意：同心协力的人，他们的力量足以把坚硬的金属弄断；同心同德的人发表一致的意见，说服力强，人们就像嗅到芬芳的兰花。

虎视眈眈，其欲逐逐。

大意：像老虎一样眈眈注视，欲望很迫切。

积善之家，必有余庆；积不善之家，必有余殃。

大意：积累善德的家族（人），后世一定有享不尽的福；如果不积累善德（积恶），那么后世必定遭殃。

见善则迁，有过则改。

大意：看见了善行就追随学习，有了过错就改正。

谦谦君子，卑以自牧。

大意：君子以谦卑自守。

穷则变，变则通，通则久。

大意：事物一旦到了极限就会改变，改变就能通达，通达就能保持得长久。

仁者见仁，智者见智。

大意：仁者见它说是仁，智者见它说是智。比喻对同一个问题，不同的人从不同的立场或角度有不同的看法。

时止则止，时行则行，动静不失其时，其道光明。

大意：时机适于停止就停止，时机适于行进就行进，不失时机地停止或行进，那么其道路就会光明。

书不尽言，言不尽意。

大意：写的东西没能穷尽所要说的话，所说的话没能把意思全部表达出来。多用于书信末尾。

天行健，君子以自强不息；地势坤，君子以厚德载物。

大意：天（即自然）的运动刚强劲健，相应于此，君子应刚毅坚卓，发愤图强；大地的气势厚实和顺，君子应增厚美德，容载万物。

同声相应，同气相求。

大意：同类的事物相互感应。指志趣、意见相同的人互相响应，自然地结合在一起。

物以类聚，人以群分。

大意：同类的东西常聚在一起，志同道合的人相聚成群。现在多比喻坏人相互勾结在一起。

五、《左传》中的名言佳句

（注：《春秋》本是鲁国史书，其注解本有《左传》、《公羊传》和《穀梁传》三种，其中《左传》流传最广、影响最大。故本书以《左传》代指《春秋》。）

鞭长不及马腹。（原文为："虽鞭之长，不及马腹。"）

大意：鞭子虽然很长，但是不能打到马肚上。比喻力所不能及。

不去庆父，鲁难未已。

大意：如果不除去庆父，鲁国的灾难是不会终止的。比喻不清除制造内乱的罪魁祸首，国家就不得安宁。

度德而处之，量力而行之。

大意：揣度德行而处事，衡量力量而做事。

多行不义必自毙。

大意：坏事干多了，必然会自取灭亡。

非我族类，其心必异。

大意：不是跟自己一条心的人，他们想的一定不一样。

风马牛不相及。

大意：比喻毫不相干的事物，一点也扯不上关系。

辅车相依，唇亡齿寒。

大意：颊骨和齿床互相依靠，嘴唇没有了，牙齿就会感到寒冷。比喻两者关系密切，互相依存。

祸福无门，惟人所召。

大意：祸福之出没有定数，全由人们招引自取。

居安思危，思则有备，有备无患。

大意：处在安全时期也要考虑危险可能存在，考虑到这个就会去准备，有了准备就免去了危险的祸患。

皮之不存，毛将焉附?

大意：皮都没有了，毛往哪里依附呢？比喻事物失去了借以生存的基础，就不能存在。

匹夫无罪，怀璧其罪。

大意：百姓本没有罪，因身藏璧玉而获罪。原指财宝能致祸。后亦比喻有才能、有理想而受害。

其兴也勃焉，其亡也忽焉。

大意：（禹和汤怪罪自己，）他们的兴盛很迅速，势不可当，（桀和纣怪罪他人，）他们的灭亡也很迅速，突如其来。

人谁无过？过而能改，善莫大焉。

大意：谁能不犯错误呢？犯了错误而能改正，没有比这更好的事情了。

善不可失，恶不可长。

大意：一个人不可以失去善良的本性，不可以增长恶习。

外举不弃仇，内举不失亲。

大意：推举人才，对外不抛开自己的仇人，对内不避开自己的亲人。

言之无文，行而不远。

大意：文章没有文采，就不能流传很远。

一鼓作气，再而衰，三而竭。

大意：第一次击鼓，士兵的士气很旺盛；再次击鼓，士气渐渐衰弱；第三次击鼓，士气已枯竭了。比喻干事情开始的时候还很起劲，越往后就越失去斗志。

欲加之罪，何患无辞？（原文为：“欲加之罪，其无辞乎？”）

大意：要想加罪于人，不担心找不到借口。指随心所欲地诬陷人。

第四节　先秦时期的其他名言佳句

一、《管子》中的名言佳句

仓廪实则知礼节，衣食足则知荣辱。

大意：粮仓充实了，人民才懂得做人的礼节；衣服和食物丰足了，人们才知道荣誉和耻辱。

福不择家，祸不索人。

大意：幸福和祸害并不降临在特定的人家。

海不辞水，故能成其大；山不辞土石，故能成其高。

大意：大海不嫌弃任何水流，因此能成就它的大；高山不拒绝任何泥土石块，因此能成就它的高。这两句话说明，想成就一番大事业，就不能计较细微小事，要有大海一样的胸怀和高山一样的气度。

礼义廉耻，国之四维；四维不张，国乃灭亡。

大意：礼义是一个社会的根本制度，廉耻是一个人的根本原则。礼义廉耻是维持国家的四个基本要素，如果这四个要素不能贯彻执行，则国家很容易灭亡。

善气迎人，亲如弟兄；恶气迎人，害于戈兵。

大意：用和蔼可亲的态度对待人，他心里就觉得兄弟般的温暖；对人恶语相加，他心里受到的伤害比你用刀伤他还深。

善人者，人亦善之。

大意：对别人好的人，别人也会反过来对他好。

上之所好，民必甚焉。

大意：处于上层和高位的人喜欢什么或有什么爱好，下面的人就一定会对什么喜欢、爱好得更厉害、强烈、极端。

一年之计，莫如树谷；十年之计，莫如树木；终身之计，莫如树人。

大意：（做）一年的打算，没有什么比得上种植庄稼；（做）十年的打算，没有什么比得上栽种树木；（做）一生的打算，没有什么比得上培养人才。

衣冠不正，则宾者不肃。进退无仪，则政令不行。

大意：接待客人时衣帽不整齐，客人的态度也就不恭敬。在行动上如果不讲礼节，政令就不可能施行。

以人为本。

大意：以人为"根本"。

招远在修近，闭祸在除怨。

大意：要招纳远方的人们，就要先处理好近邻的关系；要避免祸端，必须先消除怨气。

知子莫若父，知臣莫若君。

大意：没有比父亲更了解儿子的了，没有比君主更了解臣子的了。

二、《国语》中的名言佳句

从善如登，从恶如崩。

大意：遵从善德像登山一样，顺随恶行像山崩一样。比喻学好很难，学坏极容易。

防民之口，甚于防川。

大意：堵住人民的嘴巴，比防洪水还难。

同德则同心，同心则同志。

大意：品德相同的人就有相同的思想，有相同的思想就有相同的志向。

三、《韩非子》中的名言佳句

慈母有败子。

大意：慈爱的母亲培养出不成才的儿子。意即对孩子过分慈爱，子女不会成器。

法不阿贵，绳不挠曲。

大意：法度不偏袒权贵，墨线不迁就曲料。

令必行，禁必止。

大意：命令发布就马上行动，命令停止就立刻停止。形容法令通畅而严明。

千里之堤，溃于蚁穴。

大意：一个小小的蚂蚁洞，可以使千里长堤溃决。比喻不注意小事会造成大乱子。

三人言而成虎。

大意：三个人谎传集市里有老虎，听者就会信以为真，比喻说的人多了，就能使人把谣言当事实。

事在四方，要在中央。圣人执要，四方来效。

大意：天下四方有事件发生，而要害在中央之地。圣人把持着要害之所，四方的诸侯都会来朝拜。

以子之矛，攻子之盾。

大意：拿对方的观点、方法或言论来反驳对方。

右手画圆，左手画方，不能两成。

大意：比喻用心不专，什么事也办不成。

远水不救近火。

大意：远处的水救不了近处的火。比喻慢的办法救不了急。

四、《鹖冠子》中的名言佳句

一叶蔽目，不见泰山。

大意：一片树叶挡住了眼睛，连面前高大的泰山都看不见。比喻为局部现象所迷惑，看不到全局或整体。

五、《淮南子》中的名言佳句

百星不如一月。(原文为：“百星之明，不如一月之光。”)

大意：一百颗星星发出的亮光不如一个月亮发出的光明亮。比喻量多不如质优。

人无善志，虽勇必伤。

大意：一个人如果没有好的志向，即使勇敢，也必定会受到挫折而不能成功。

日计不足，岁计有余。（原文为：“日计之不足，而岁计之有余。”)

大意：每天算下来没有多少，一年算下来就很多了。比喻积少成多。

塞翁失马，焉知非福。

大意：塞翁丢失马，怎么知道不是件好事呢？比喻虽然一时受到损失，也许反而因此能得到好处。也指坏事在一定条件下可变为好事。

六、《列子》中的名言佳句

得其精而忘其粗，在其内而忘其外。

大意：得到了它的精微，而放弃了它的粗略，省察其内部而忘却其表象。

余音绕梁，三日不绝。

大意：弹奏结束很多天后，房梁上还有回音。形容歌声或音乐优美，余音回旋不绝。

七、《吕氏春秋》中的名言佳句

爱亲者，不敢恶于人；敬亲者，不敢慢于人。

大意：一个懂得热爱自己父母的人，就不敢厌恶别人的父母；一个懂得尊敬自己父母的人，就丝毫不敢怠慢别人的父母。

察己则可以知人，察今则可以知古。

大意：通过观察自己，就可以了解别人；通过观察今天，就可以了解古时的情况。

流水不腐，户枢不蠹。

大意：流动的水不会发臭，经常转动的门轴不会腐烂。比喻经常运动的东西不易受侵蚀。

审堂下之阴，而知日月之行，阴阳之变；见瓶水之冰，而知天下之寒，鱼鳖之藏也。

大意：观察房屋下面的光影，就知道太阳、月亮的运行，早晚和寒暑季节的变化；看到瓶子里水结的冰，就知道天下已经寒冷，鱼鳖已经潜伏了。

世易时移，变法宜矣。

大意：社会改变，时代变迁，变更法度是应该的。

天不再与，时不久留。

大意：上天不会给两次机会，时机也不会长久停留。提示人们时间的珍贵。

天子无戏言。

大意：帝王说话算数。

外举不避仇，内举不避子。

大意：推荐人才，即使是仇人也不遗弃，即使是自己的儿子也不遗漏。形容办事公正。

以近知远，以今知古，以所见知所不见。

大意：从近处可以了解远处，从当今可以了解古时，从看到的可以了解没看到的。

欲胜人者必先自胜，欲论人者必先自论，欲知人者必先自知。

大意：想制服别人，先克服自身的弱点；想评论别人，先正确评价自己；想了解别人，必须首先了解自己。

八、《墨子》中的名言佳句

爱人不外己，己在所爱之中。

大意：爱别人并不是不爱自己，自己也在所爱之中。

爱人非为誉也，其类在逆旅。

大意：爱人不是为个人沽名钓誉，就像旅店接待客人一样，是为了与人方便。

甘瓜苦蒂，天下物无全美。

大意：甜瓜很甜，但瓜蒂却是苦的，天下没有十全十美的事物。

国家治则刑法正，官府实则万民富。

大意：国家太平则刑法严正，官府充实则万民富足。

兼相爱，交相利。

大意：彼此相爱，彼此互利。

兼相爱则治，交相恶则乱。

大意：（天下的人）彼此相爱就会太平，彼此憎恶则会混乱。

兼以易别。

大意：用彼此相爱去改变互相仇视和侵害的不良风气。

俭节则昌，淫佚则亡。

大意：节俭就会昌盛，淫佚享乐就会败亡。

江河之水，非一源之水也；千镒之裘，非一狐之白也。

大意：江河里的水，不是从一个源头流下来的；价值千金的皮衣，不是用一只狐狸的毛制成的。比喻治国需要众多人才的力量。

染于苍则苍，染于黄则黄。

大意：放在青色染料里染就变成青色，放在黄色染料里染就变成黄色。比喻本来相同的人或事物因受环境影响而变得不同。

天下之人皆相爱，强不执弱，众不劫寡，富不侮贫，贵不傲贱，诈不欺愚。

大意：天下的人都相爱，强大的不压迫弱小的，人多的不抢劫人少的，富有的不欺侮贫穷的，显贵的不轻视低贱的，诡诈的不欺骗愚笨的。

万事莫贵于义。

大意：世间所有的事情没有比义更贵重的。

兴天下之利，除天下之害。

大意：兴天下的利益，除天下的祸害。

有能则举之，无能则下之。

大意：有才能就提拔，没有才能就撤下。

志不强者智不达，言不信者行不果。

大意：意志不坚强的人，智慧也不会通达；言语不诚实的人，做事也不会有成果。

九、《楚辞》中的名言佳句

百金买骏马，千金买美人，万金买高爵，何处买青春?

大意：一百金可以买到骏马，一千金可以买到美人，一万金可以买到高爵，但是，在哪里又能买到青春呢？比喻青春的珍贵，号召年轻人珍惜青春时光。

悲莫悲兮生离别，乐莫乐兮新相知。

大意：人世间最悲伤的事情莫过于活着就要分离，人世间最快乐的事情莫过于遇到新的知己。

闭心自慎，终不失过兮。

大意：关闭内心，自己小心谨慎，始终不敢有过失。

沧浪之水清兮，可以濯我缨；沧浪之水浊兮，可以濯我足。

大意：沧浪的水清，可以清洗我的帽缨；沧浪的水浊，可以清洗我的脚。

长太息以掩涕兮，哀民生之多艰。

大意：我常常叹息流泪，哀叹人民的生活是多么的艰难。表达了屈原对社会现实的不满，对劳苦人民的同情。

乘骐骥以驰骋兮，来吾道夫先路。

大意：乘着骏马奔驰，我在前面带路。

尺有所短，寸有所长。物有所不足，智有所不明。

大意：尺有它的短处，寸有它的长处。任何事物都有它的不足之处，再聪明的人也有他不明白的地方。比喻各有长处，也各有短处，彼此都有可取之处。

黄钟毁弃，瓦釜雷鸣。

大意：黄钟被砸烂并被抛置一边，而把泥制的锅敲得很响。比喻有才德的人被弃置不用，而无才德的平庸之辈却居于高位。

举世皆浊我独清，众人皆醉我独醒。

大意：世界上的人都是污浊的，唯独我干净、清白；众人都已醉倒，唯独我一人清醒。

路漫漫其修远兮，吾将上下而求索。

大意：前面的路程遥远而又漫长，我要上天下地到处去寻觅。

其曲弥高，其和弥寡。

大意：乐曲越高雅，唱和的人越少。

吾不能变心以从俗兮，故将愁苦而终穷。

大意：我不能改变志向而去顺从世俗，所以将会愁苦、贫穷一辈子。

新沐者必弹冠，新浴者必振衣。

大意：刚洗过头发的人，一定要弹弹帽子（沾不得一点灰尘），刚刚洗过澡的人，一定要抖抖衣裳（干净的躯体怎么能穿一件脏的衣裳）。比喻人要洁身自好。

亦余心之所善兮，虽九死其犹未悔。

大意：只要合乎我心中美好的理想，纵然死掉九回我也不会后悔。

与天地兮同长寿，与日月兮同光。

大意：与天地一样长寿，与日月一样光明。

十、《商君书》中的名言佳句

不法古，不修今。

大意：不应效法古代，也不应拘泥于现状。

胜而不骄，败而不怨。

大意：胜了不骄傲，败了不埋怨。

疑行无成，疑事无功。

大意：行动有疑虑就不会成功，做事有疑虑就没有效果。

十一、《慎子》中的名言佳句

昼无事者夜不梦。

大意：白天没做什么事的人晚上不会做梦。

十二、《孙子兵法》中的名言佳句

避其锐气，击其惰归。

大意：避开敌人的锐气，在敌军懒惰思归的时候攻击他们。

兵无常势，水无常形，能因敌变化而取胜者，谓之神。

大意：用兵没有固定的态势，流水没有固定的形状，能够按照敌人的变化而变化并取得胜利的人，我们大家把他称作“神”。

不战而屈人之兵，善之善者也。

大意：不交战而令敌人的士兵屈服，才是高明中的最高明。

攻其无备，出其不意。

大意：出兵攻击对方不防备、想不到的地方。后亦指行动出乎人的意料。

上兵伐谋，其次伐交，其次伐兵，其下攻城。

大意：上等的军事行动是用谋略挫败敌方的战略意图或战争行为，其次就是用外交战胜敌人，再次是用武力击败敌军，最下之策是攻打敌人的城池。

以近待远，以逸待劳，以饱待饥。

大意：以就近进入战场而等待长途奔袭的敌军，以从容稳定对阵仓促疲劳的敌军，以饱食的军队攻击饥饿的敌军。

知己知彼，百战不殆。

大意：既了解敌人，又了解自己，百战都不会失败。

置之死地而后生。

大意：原指作战把军队布置在无法退却、只有战死的境地，兵士就会奋勇前进，杀敌取胜。后比喻事先断绝退路，就能坚定决心，取得成功。

十三、《荀子》中的名言佳句

不登高山，不知天之高也；不临深溪，不知地之厚也。

大意：不登上高山就不知道天有多高；不下深谷就不知道地有多厚。意思是事情如果不身临其境，就不知道它的真实情况。

不积跬步，无以至千里；不积小流，无以成江海。骐骥一跃，不能十步；驽马十驾，功在不舍。锲而舍之，朽木不折；锲而不舍，金石可镂。

大意：不积累小步，（就）没有借以远达千里的（办法）；不汇聚细流，（就）没有借以成为江海的（办法）。骏马跳跃一次，没有十步（远）；劣马拉车走十天，（也能走得很远），（它的）成功在于走个不停。雕刻（一下）就放掉它（不刻），腐朽的木头（也）不能刻断；雕刻不停（的话），金石也能雕刻（成功）。

道虽迩，不行不至；事虽小，不为不成。

大意：路程虽近，不走就达不到目的地；事情虽小，不做就成功不了。

登高而招，臂非加长也，而见者远；顺风而呼，声非加疾也，而闻者彰。假舆马者，非利足也，而致千里；假舟楫者，非能水也，而绝江河。君子生非异也，善假于物也。

大意：登上高处招手，手臂并没有加长，但是人在远处也能看见；顺着风向呼喊，声音并没有加强，但是听的人（却）听得（特别）清楚。借助车马的人，并不是脚走得快，但是（能）达到千里之外；借助船只的人，并不是会游泳，但是（能）横渡江河。君子的本性（同一般人）没有（什么）差别，（但是）他们善于借助外物啊。

非我而当者，吾师也；是我而当者，吾友也；谄谀我者，吾贼也。

大意：批评我而且批评得恰当的人，是我的老师；赞扬我而且赞扬得恰当的人，是我的朋友；阿谀奉承我的人，是害我的敌人。

国将兴，必贵师而重傅；贵师而重傅，则法度存。

大意：国家要兴盛，就一定要重视和崇尚教师；只有重视和崇尚教师，国家的法度才能永存。

积土成山，风雨兴焉；积水成渊，蛟龙生焉。

大意：积土成为山，风雨（就会）从那里兴起；积水成为深潭，蛟龙（就会）在那里生长。

居必择乡，游必就士。

大意：居住一定要选择好的环境，出游一定要接近有学问品行的人（以免沾染恶习）。

君子崇人之德，扬人之美，非谄谀也。

大意：君子推崇别人的德行，赞扬别人的优点，这不是吹捧讨好。

君子道其常，而小人计其功。

大意：君子走正道，小人谋私利。

君子赠人以言，庶人赠人以财。

大意：有学问有教养的人都是送别人一些激励的话来作为

礼物，庸俗的人都是送别人一些钱财作为礼物。

流言止于智者。

大意：没有根据的话，传到有头脑的人那里就不会再流传了。形容谣言经不起分析。

目不能两视而明，耳不能两听而聪。

大意：眼睛不能够把两个不同的目标同时看清楚，耳朵不能够把两种不同的声音同时听清楚。

能积微者速成。

大意：能积累点滴的人成功最快。

蓬生麻中，不扶而直；白沙在涅，与之俱黑。

大意：蓬长在大麻中，不用扶持，自然挺直；白色的细沙混在黑土中，也会跟它一起变黑。比喻生活在好的环境里，人会得到健康成长；而生活在污秽环境里，人就会随着污秽环境而变坏。

青，取之于蓝，而青于蓝；冰，水为之，而寒于水。

大意：靛青是从蓝草中提取的，但它的颜色比蓝草更青；冰是水凝结而成的，但它比水更冷。

人之性恶，其善者伪也。

大意：人的本性是恶的，有善心的人是假装出来的。

神莫大于化道，福莫长于无祸。

大意：精神修养的最高境界莫过于得知道理，福泽的最好之处莫过于没有祸事。

天行有常，不为尧存，不为桀亡。

大意：万物发展有其自然的规律，它不会因为（圣明的）尧而存在，也不会因为（暴虐的）桀而灭亡。

吾尝终日而思矣，不如须臾之所学也。

大意：我曾经整天思索，（却）不如片刻学到的知识（多）。

下贫则上贫，下富则上富。

大意：百姓贫穷，国库也会贫穷；百姓富足，国库也会富足。

学不可以已。

大意：学习不可以停止。

移风易俗。

大意：改变旧的风俗习惯。

以近知远，以一知万，以微知明。

大意：以眼前可见的事物推知遥远的不可见的事物，从了解一点到推知其他许多事物，以可见的小事物或事物的微末迹象推断出大事物或事物全体。

与人善言，暖于布帛；伤人以言，深于矛戟。

大意：对别人说善意的话，比给他穿件衣服还暖和；用恶语伤人，其伤害比矛戟刺得还要深。

源清则流清，源浊则流浊。

大意：源头的水清，下游的水也清；源头的水浑浊，下游的水也浑浊。

十四、《晏子春秋》中的名言佳句

橘生淮南则为橘，生于淮北则为枳。

大意：橘树生长在淮河以南就是橘树，生长在淮河以北就变成枳树。比喻环境变了，事物的性质也变了。

十五、《曾子》中的名言佳句

人非人不济，马非马不走。

大意：一个人没有其他人帮助，就不能成功；一匹马没有别的马一齐拉车，车辆就不能跑动。

十六、《战国策》中的名言佳句

道不拾遗，夜不闭户。

大意：东西丢在路上没有人拾走，夜里睡觉不需要关门防盗。形容社会风气好。

风萧萧兮易水寒，壮士一去兮不复还。

大意：风萧萧地吹呵，易水寒气袭人，壮士从此远去啊，不会再回来了。

宁为鸡口，无为牛后。

大意：比喻宁居小者之首，不为大者之后。

前事不忘，后事之师。

大意：记住以前的经验教训，作为以后行事的借鉴。

寝不安席，食不甘味。

大意：睡觉也不能安于枕席，吃饭也没有滋味。形容心事重重。

十夫楺椎。

大意：十个人的力量能使椎弯曲。比喻人多力量大。

士为知己者死，女为悦己者容。

大意：壮士为了解自己的人可以去死，女子为欣赏自己的人而盛装打扮。

晚食以当肉，安步以当车。

大意：晚点吃饭（饿了再吃），味道就像吃肉一样；安稳而慢慢地走路，足以当作乘车。后泛指淡泊名利。

亡羊而补牢，未为迟也。

大意：羊丢失了才补羊圈，还不算迟。表示在出现错误以后，如果赶紧去改正，还不算迟的意思。

行百里者，半于九十。

大意：行程一百里，走了九十里才算完成了一半。比喻做事越接近成功越困难。

鹬蚌相争，渔翁得利。

大意：比喻双方争执不下，两败俱伤，让第三者占了便宜。

战无不胜，攻无不克。

大意：作战没有不取得胜利的，进攻没有攻不下的。形容军队力量强大，百战百胜。

争名于朝，争利于市。

大意：在朝廷上争夺名位，在集市上计较赢利得失。即争名夺利。

十七、《庄子》中的名言佳句

哀莫大于心死。

大意：最可悲哀的事莫过于思想顽钝，麻木不仁。

不精不诚，不能动人。

大意：对人不真诚，就不能打动别人。

吹响呼吸，吐故纳新。

大意：呼吸时，吐出浊气，吸进新鲜空气。现多用来比喻抛弃旧的、不好的，吸收新的、好的。

大而无当，往而不返。

大意：原指大得无边际。后多用来表示大得不切合实际、不合用。

凡人心险于山川。

大意：大抵人的心比山川还要险恶。

君子之交淡若水，小人之交甘若醴。

大意：君子之间的交情淡得像水一样，小人之间的交往甜得像甜酒一样。

来世不可待，往世不可追。

大意：未来的事不可等待，过去的事追不回来。引申意义为：要好好把握现在，真正利用好自己的今天。

窃钩者诛，窃国者为诸侯。

大意：偷钩子的小贼，要被处死，而偷取整个国家的大盗反倒成为诸侯。

去人滋久，思人滋深。

大意：人离开的时间越久，对他的思念就越深。

人生天地之间，若白驹之过郤，忽然而已。

大意：人类生长在天地之间，像小白马在细小的缝隙前跑过一样，只是一眨眼间而已。形容时间过得极快。

日出而作，日入而息，逍遥于天地之间而心意自得。

大意：太阳升起就起来劳动，太阳下山就休息，无拘无束地生活在天地之间，而心中的快意只有我自身能够领受。

顺吾意则生，逆吾心则死。

大意：顺从我的心意才能生存，违抗我的心意就要灭亡。

天地与我并生，而万物与我合一。

大意："我"存在，世界存在，而"我"消失，世界消失。这是一种唯心主义思想。

吾生也有涯，而知也无涯。

大意：我的生命是有限的，而知识是无限的，

夏虫不可以语冰。(原文为："夏虫不可以语于冰。")

大意：不能和生长在夏天的虫谈论冰。比喻时间局限人的见识。也比喻人的见识短浅，不懂大道理。

原天地之美，而达万物之理。

大意：通过天地的壮美而通达万物的道理。

第二章

秦汉时期的名言佳句

第一节　秦、西汉时期的名言佳句

秦·项羽

力拔山兮气盖世，时不利兮骓不逝，骓不逝兮可奈何，虞兮虞兮奈若何？

大意：我的力大得可以拔起大山，气概盖过世人，然而现在时机不好啊，连马儿也不走了。马儿都不走了我能怎么办呢？虞姬虞姬，我能把你怎么办呢？

西汉·霍去病

匈奴未灭，何以家为？

大意：匈奴还没有消灭，怎么能考虑自己的家呢？

西汉·贾谊

斩木为兵，揭竿为旗。

大意：砍削树木当兵器，举起竹竿作军旗。比喻武装起义。

西汉·韩婴

树欲静而风不止。

大意：树想要静止，可是风却让它不停地摇曳。比喻形势与自己的愿望相违背。

与人以实，虽疏必密；与人以虚，虽戚必疏。

大意：与人真诚交往，虽然不是很熟悉，也必然会变得亲近；与人交往不真诚，即使很亲近的人也会变得很疏远。

西汉·桓宽

孝在于质实，不在于饰貌。

大意：孝敬长辈在于内心充满敬意与爱心，而不是在于一些表面上的花哨形式。

西汉·刘邦

大风起兮云飞扬，威加海内兮归故乡，安得猛士兮守四方！

大意：大风吹起来了，云朵到处飞扬着，我已经扬威天下了，回到家乡，怎么能够找得到勇猛的战士来帮我守住四方的疆土呢？

西汉·刘向

少而好学，如日出之阳；壮而好学，如日中之光；老而好学，如炳烛之明。

大意：少年好学，如同初升的太阳那么鲜亮；壮年好学，如同中午的阳光光芒四射；老年好学，如同燃烛照明。意即早学比晚学好，晚学比不学好。

书犹药也，善读之可以医愚。

大意：书像是良药，好好读就可以治疗愚昧无知。

以财为草，以身为宝。

大意：视财物如同草芥一般轻，视自身的高尚为珍宝。指人要严格要求自己，才能不断地进步。

西汉·司马迁

败军之将，不可以言勇。

大意：打了败仗的将军，不能说自己当时多么勇敢。

不飞则已，一飞冲天；不鸣则已，一鸣惊人。

大意：平时不飞，一旦飞的话能冲到天上去；平时不叫，一旦叫了能吓人一跳。比喻有才华的人，平时默默无闻，一旦施展才华，就能作出惊人的业绩。

不知其子视其父，不知其人视其友。

大意：不了解做儿子的就看看他的父亲，不了解他本人的就看看他的朋友。

成也萧何，败也萧何。

大意：成事由于萧何，败事也由于萧何。比喻事情的成功和失败都是由同一个人造成的。

大行不顾细谨，大礼不辞小让。

大意：干大事不用顾及小的礼节，讲大礼节不用顾及小的谦让。

当断不断，反受其乱。

大意：应该作出决断但犹豫不决，就要产生祸乱。指做事应当机立断，否则后患无穷。

父母者，人之本也。

大意：父母是人的根本。

苟富贵，无相忘。

大意：假如将来我们中间有谁发迹富贵了，可不能相互忘记啊。

黄金有疵，白玉有瑕。

大意：再精纯的黄金也有杂质，再洁白的玉上也有小斑点。比喻任何事物都有缺点、不完美。

将在外，君令有所不受。

大意：将军在外打仗时，君王的命令有时可以不遵从。意即不能机械地依照君王的命令而作战。

居高屋之上建瓴水。

大意：处在高高的屋顶上倾倒瓶子里的水。形容居高临下、难以阻挡的形势。

良药苦口利于病，忠言逆耳利于行。

大意：好的药虽然吃到嘴里是苦的，但有利于治疗疾病；中肯的语言虽然不好听，但对你的行动有帮助。

两虎相斗，必有一伤。

大意：两只老虎争斗起来，其中必有一只受伤。比喻敌对双方实力都很强，激烈斗争的结果，必有一方吃亏。

平易近民，民必归之。

大意：态度谦逊温和，亲近百姓，百姓一定归顺他。

千金之子，坐不垂堂。

大意：家财万贯的人，往往珍爱自己，不敢坐在屋檐下，以免被掉落的屋瓦打破头。

人固有一死，或重于泰山，或轻于鸿毛。

大意：人总会死，有的人死得比泰山还重，有的人死得比羽毛还轻。

人弃我取，人取我与。

大意：别人不要的我要，别人要的我就给予。也就是说，在生意场上，当货物过剩别人低价抛售时，就收购；当货物不足别人高价索求时，就出售。

人为刀俎，我为鱼肉。

大意：别人是刀和案，而自己是鱼和肉。比喻任人宰割。

三寸之舌，强于百万之师。

大意：能说会辩的口才，比拥有百万人的军队还要强大。

竖子不足与谋。

大意：小子不值得与其共商大计。指不值得同某人商量事情。

桃李不言，下自成蹊。

大意：桃树、李树不会说话，但因其花朵美艳，果实可口，人们纷纷去摘取，于是便在树下自然踩出一条路来。比喻为人真诚笃实，德才兼备，自然能感召人心。

王侯将相宁有种乎？

大意：王侯将相，难道是天生的贵种吗？

乌头白，马生角。

大意：乌头变白，马首长角。比喻不可能实现的事情。

无立锥之地。

大意：没有立锥子的地方。比喻连极小的地方也没有。

项庄舞剑，意在沛公。

大意：项庄席间舞剑，企图刺杀刘邦。比喻说话和行动的真实意图别有所指。

燕雀安知鸿鹄之志哉？

大意：燕子和麻雀哪里会懂得天鹅的凌云壮志呢？比喻平凡的人不了解英雄人物的志向。

一沐三握发，一饭三吐哺。

大意：洗一次头、吃一顿饭均要停顿三次以接待宾客。形容渴求贤才，谦恭下士。

一言之辩，重于九鼎之宝。

大意：一句话的分量比九鼎还要重。形容能起决定作用的言论或意见。

运筹帷幄之中，决胜千里之外。

大意：在军帐中运用计谋，就能决定千里之外战斗的胜利。

智者千虑，必有一失；愚者千虑，必有一得。

大意：聪明的人，在多次的考虑中，一定会出现个别错误；愚笨的人，在多次的考虑中，一定会有所收获。

忠臣不事二君，贞女不更二夫。

大意：忠臣不辅佐两个朝代的君主，贞节的妇女不再嫁第二个丈夫。这是封建时代的伦理道德。比喻忠诚坚贞，绝无二心。

众口铄金，积毁销骨。

大意：众人的言论能够熔化金属，不断的毁谤能够使人毁灭。比喻舆论力量的强大。

西汉·苏武

结发为夫妻，恩爱两不疑。

大意：结婚成为夫妇，彼此恩爱信任。

生当复来归，死当长相思。

大意：如果能活着，我一定回来；万一死了，我会在永恒中想你。

西汉·辛延年

人生有新故，贵贱不相逾。

大意：人的一生会有新朋和旧友，不论富贵贫贱都不能忘记情义。

第二节　东汉时期的名言佳句

东汉·班固

安其居，乐其业。

大意：安定地居住，愉快地劳动。

百闻不如一见。

大意：听别人说一百次，也不如自己亲自看一次。比喻眼见为实。

卑之无甚高论。

大意：见解一般，没有什么过高难行的意见。

兵出无名，事故不成。

大意：出兵作战如果没有正当的理由，就不能取得战斗的胜利。

画虎不成反类狗。

大意：比喻模仿不到家，反而不伦不类。

临渊羡鱼，不如退而结网。

大意：站在水边想得到鱼，不如回家去结网。比喻只有愿望而没有措施，对事情毫无用处。

千夫所指，无疾而终。

大意：被群众所怨恨，没有病也会死掉。比喻众怒不可犯，民心不可违。

前车之覆，后车之鉴。

大意：记住过去的经验教训，作为以后行事的借鉴。

强弩之末，不能入鲁缟；冲风之衰，不能起毛羽。

大意：强弓射出的箭到了尽头就连很薄的丝绸也射不穿；狂风减弱之后就连极轻的羽毛也吹不起来。比喻势力已经衰竭，不能再起作用。

人生如朝露。

大意：人生就像早晨的露水。比喻人生短促。

少成若天性，习惯如自然。

大意：从小培养成的习性就像是天性一样，从小培养成的习惯就像天生的一样。说明良好的品行和道德应从小培养。

水至清则无鱼，人至察则无徒。

大意：水太清了，鱼就无法生存；对别人要求太严了，自己就会没有伙伴。

夙兴以求，夜寐以思。

大意：早晨一起来就寻求，晚上睡觉时还在思索。

投鼠而忌器。

大意：想用东西打老鼠，又怕打坏了近旁的器物。比喻做事有顾忌。

先发制人，后发制于人。

大意：先动手可以制服对方，后动手则被对方所制服。

修学好古，实事求是。

大意：爱好古代文化，总是在掌握充分的事实根据以后，才从中求得正确可靠的结论来。

东汉·蔡邕

自损者益，自益者损。

大意：自认为不足的人便可以得到裨益，而自以为蛮不错的，便要遭受损失。

东汉·孔融

岁月不居，时节如流。

大意：岁月不停留，时间过得很快。

东汉·刘秀

家有敝帚，享之千金。

大意：自家的破扫帚被认为价值千金。比喻自己的东西即使不好也倍觉珍贵。

东汉·王充

冰冻三尺，非一日之寒。

大意：水被冻结成了三尺的冰，不是一天的寒冷就可以造成的。比喻一种情况的形成，是经过长时间的积累、酝酿的。

不学不成，不问不知。

大意：不学习，就不会成才；不提问，就不会知道。

大器晚成，宝货难售。

大意：能担当重任的人物要经过长期的锻炼，所以成就较晚。越是珍贵的商品，越难（很快地）出售。

精诚所至，金石为开。

大意：人的诚心所到，能感动天地，使金石为之开裂。比喻只要专心诚意去做，什么疑难问题都能解决。

知屋漏者在宇下，知政失者在草野。

大意：知道房屋漏雨的人就生活在这座房屋里；知道施政有所缺失的人，就生活在政策影响下的民间。

东汉·王粲

生为百夫雄，死为壮士规。

大意：人活着就要做人中的豪杰，死了也应是鬼中的楷模。

东汉·徐干

念与君相别，各在天一方。

大意：担心与你分别之后，我们就相隔遥远。

人生一世间，忽若暮春草。

大意：人的一辈子，就好像晚春的草一样。

思君如流水，何有穷已时。

大意：对你的思念就像流水一般，哪有穷尽的时候？

东汉·许劭

治世之能臣，乱世之奸雄。

大意：（曹操是）太平社会的国家栋梁，动乱社会的罪魁祸首。

东汉·赵晔

同病相怜，同忧相救。

大意：比喻因有同样的遭遇或痛苦而互相同情、援助。

第三节　汉代无名氏的名言佳句

白杨多悲风，萧萧愁杀人。

大意：白杨为劲风所吹，发出凄凉的萧萧声，肃杀的秋意勾起人们无限悲愁。

悲歌可以当泣，远望可以当归。

大意：唱一支哀歌当作哭泣，眺望着远方当作返回故乡。

瓜田不纳履，李下不正冠。

大意：经过瓜田不可弯腰提鞋子，走过李树下不要抬手端正帽子。比喻避免招惹无端的怀疑。

江南可采莲，莲叶何田田。

大意：江南又到了可以采莲的季节了，莲叶多么茂盛啊！

孔雀东南飞，五里一徘徊。

大意：孔雀鸟向东南方向飞去，飞上五里便徘徊一阵。

人生不满百，常怀千岁忧。

大意：人的寿命不会超过百岁，却常常为了千年的事情忧虑。

少壮不努力，老大徒伤悲。

大意：年纪小的时候不努力学习上进，等到年纪大了只有枉自悲伤了。

四海皆兄弟，谁为行路人？

大意：天下的人都是亲人，谁也不是陌生人。

迢迢牵牛星，皎皎河汉女。

大意：远远的牵牛星，灿烂的织女星。

衣不如新，人不如故。

大意：旧衣不如新衣好，新人不如旧人好。

盈盈一水间，脉脉不得语。

大意：只隔着一条又清又浅的河，含情脉脉而不能相互说话。

第三章

三国时期的名言佳句

（注：本书采纳对“三国时期”最广义的说法，即从公元184年起至公元280年止。）

三国·曹操

白骨露于野，千里无鸡鸣。

大意：累累白骨暴露在野外，千里之内连鸡鸣的声音都听不见。

东临碣石，以观沧海。水何澹澹，山岛竦峙。树木丛生，百草丰茂。秋风萧瑟，洪波涌起。日月之行，若出其中；星汉灿烂，若出其里。幸甚至哉，歌以咏志。

大意：东行登上碣石山，来观赏大海。海水多么宽阔浩荡，碣石山高高耸立在海边。山上树木丛生，各种草长得很繁茂。秋风飒飒，海上涌起巨大的波涛。日月的运行，好像是从这浩淼的海洋中出发的。银河星光灿烂，好像是从这浩淼的海洋中产生出来的。真是幸运极了，用歌唱来表达自己的思想感情吧。

对酒当歌，人生几何？譬如朝露，去日苦多。

大意：面对美酒应该高歌，人生能有多长啊？好比晨露转瞬即逝，失去的时日实在太多。

何以解忧？唯有杜康。

大意：怎么来排解忧愁？只有狂饮杜康酒才行。

老骥伏枥，志在千里；烈士暮年，壮心不已。

大意：年老的千里马待在马棚里，它的雄心壮志仍然是一日驰骋千里；有远大志向的人士到了晚年，奋发思进的雄心不会止息。

让礼一寸，得礼一尺。

大意：比喻以礼相让，事虽微而获益必大。

山不厌高，海不厌深；周公吐哺，天下归心。

大意：山越高越好，水越深越好。只有像周公那样礼待贤才（周公见到贤才，吐出口中正在咀嚼的食物，马上接待），才能使天下人的心都归向我。

月明星稀，乌鹊南飞。绕树三匝，何枝可依？

大意：明月升起，星星闪烁，一群寻巢乌鹊向南飞去。绕树飞了三周却没敛翅，哪里才有它们栖身之所？

三国·曹冏

百足之虫，至死不僵。

大意：比喻势力雄厚的集体或个人一时不易垮台。

三国·曹丕

人生如寄，多忧何为？

大意：人的生命短促，就像暂时寄居在人世间一样，为什么要担忧太多呢？

节同时异，物是人非。

大意：季节相同，但时间已不是那个时间了；东西还是原来的东西，可是人已不是原来的人了。多用于表达时过境迁，因而怀念故人。

文人相轻，自古而然。

大意：文人互相轻视，自古以来就是如此。

文章，经国之大业，不朽之盛事。

大意：文章是治理国家的大事业，也是流传万代的大事情。

三国·曹植

今日乐相乐，别后莫相忘。

大意：今天在一起欢乐，离别后不要互相忘记了。

捐躯赴国难，视死忽如归。

大意：为了解除国难而献身，把死亡看作回家一样。

烈士多悲心，小人偷自闲。

大意：壮士大多怀着一颗悲壮的心灵，而小人们却得以苟活，独自享受着他们的清闲。

南国有佳人，容华若桃李。

大意：江南有漂亮的女子，她的美貌如桃李般美丽。

丈夫志四海，万里犹比邻。

大意：大丈夫理应志在四海，纵使相隔万里也犹如邻居。

煮豆持作羹，漉菽以为汁。萁在釜下燃，豆在釜中泣。本自同根生，相煎何太急？

大意：锅里煮着豆子，是想把豆子的残渣过滤出去，留下豆汁用来作羹。豆秸在锅底下燃烧，豆子在锅里面哭泣。豆秸和豆子本来是同株所生，何必急于相互折磨呢？

三国·蒋济

学者如牛毛，成者如麟角。

大意：做学问的人很多，成功的人却极少。

三国·李康

木秀于林，风必摧之；堆出于岸，流必湍之；行高于人，众必非之。

大意：一棵树高于整个树林，大风一定会先吹倒它；岸边多出的土堆，激流一定会把它冲走；一个人的品行高于众人，别人一定会对他产生非议。

三国·刘备

勿以恶小而为之，勿以善小而不为。

大意：不要以为坏事小就去做，不要以为好事小就不去做。

三国·阮籍

不知而自以为知，百祸之宗也。

大意：不明白而自以为明白，这是一切祸害的源泉。

愿为双飞鸟，比翼共翱翔。

大意：希望做一对飞鸟，翅膀挨着翅膀，共同翱翔在云霄之间。

三国·阮瑀

曲高和寡，妙伎难工。

大意：曲调高深，能跟着唱的人就少；技巧奇妙，使人难以精通。比喻言论、作品或者技巧不易懂，能了解和掌握的人很少。

三国·周瑜

蛟龙得云雨，终非池中物。

大意：蛟龙得到云和雨，就会飞腾上天，终究不会待在池中。比喻有才能的人一旦遇到机会，就会充分施展才华。

三国·诸葛亮

不傲才以骄人，不以宠而作威。

大意：不倚仗自己的才华而在别人面前表现出骄傲的神情，不能因为自己受宠就对部下作威作福。

非淡泊无以明志，非宁静无以致远。

大意：不看轻世俗的名利，就不能明确自己的志向，不是身心宁静就不能实现远大的理想。

非学无以广才，非志无以成学。

大意：不学习就不能增长才能，没有志气就不能学有所成。

苟全性命于乱世，不求闻达于诸侯。

大意：只希望在乱世里苟且保全性命，并不想在诸侯中做官扬名。

恢弘志士之气，不宜妄自菲薄。

大意：弘扬志士们的气概，不应该随随便便地看轻自己。

静以修身，俭以养德。

大意：以静思反省来使自己尽善尽美，以俭朴节约财物来培养自己高尚的品德。

鞠躬尽瘁，死而后已。

大意：勤勤恳恳，竭尽心力，到死为止。

受任于败军之际，奉命于危难之间。

大意：在兵败的时候接受了任命，在危难的时候接受命令。

一朝被谗言，二桃杀三士。

大意：一旦相信了别人的谗言，就会发生“二桃杀三士”（将两个桃子赐给三个壮士，三壮士因相争而死）的悲剧。比喻借刀杀人。

志当存高远。

大意：一个人应当有高尚远大的志向。

第四章

两晋时期的名言佳句

第一节 西晋时期的名言佳句

西晋·陈寿

此间乐，不思蜀。

大意：这里很快乐，不思念蜀国。比喻在新环境中得到乐趣，不再想回到原来的环境中去。

读书百遍，其义自见。

大意：读书的次数多了，书的意思自然就会领会。指书要熟读才能真正领会。

国以民为本，民以食为天。

大意：国家以人民为根本，人民以吃饭为头等大事。

后生可畏，来者难诬。

大意：青年人令人敬畏，后来之人难于轻视。

救寒莫如重裘，止谤莫如自修。

大意：抵御寒冷没有比加厚的毛皮衣服更好的了，想制止别人的诽谤，没有比加强自身的道德修养更有效的了。

开诚心，布公道。

大意：比喻诚意待人，坦白无私。

人中有吕布，马中有赤兔。

大意：在人里面吕布是个英雄，在马里面赤兔很出色。意思是夸赞吕布勇猛。

识时务者为俊杰。（原文为："识时务者，在乎俊杰。"）

大意：能认清时代潮流的，是聪明能干的人。认清时代潮流，才能成为出色的人物。

士别三日，当刮目相看。

大意：别人已有进步，不能再用老眼光去看他。

司马昭之心，路人皆知。

大意：司马昭的野心，所有的人都知道。比喻人所共知的野心。

喜不可纵有罪，怒不可戮无辜。

大意：高兴的时候，不能放纵有罪的人；愤怒的时候，不能伤害无辜的人。

言出为论，下笔成章。

大意：一说话就长篇大论，一动笔就写成文章。形容文思敏捷，文章写得快。

一日无书，百事荒芜。

大意：一天没有看到书，做其他一切事情都没有心情了。强调读书的重要性。

西晋·傅玄

病从口入，祸从口出。

大意：疾病常因饮食不慎而发生，祸患常因说话不慎而造成。

近朱者赤，近墨者黑。

大意：靠近朱砂的变红，靠近墨的变黑。比喻接近好人可以使人变好，接近坏人可以使人变坏。

同声自相应，同心自相知。

大意：声音相同的自然会互相呼应，思想相同的自然会互相了解。

西晋·傅云

志士惜日短，愁人知夜长。

大意：有远大目标的人觉得白天的时间太短，而心情不好的人觉得夜晚的时间太长。

西晋·李密

茕茕孑立，形影相吊。

大意：只有和自己的身影相互慰问。形容无依无靠，非常孤单。

西晋·刘琨

枕戈待旦，志枭逆虏。

大意：立志杀敌，枕着武器睡觉等天亮。形容时刻准备作战。

西晋·陆机

精骛八极，心游万仞。

大意：形容人的思想如天马行空，不受拘束。意为想象力丰富。

来日苦短，去日苦长。

大意：苦于将来的日子太短了，生命所剩下的时间太短了。苦于已经过去的日子太多了。

立片言而居要，乃一篇之警策。

大意：在关键的地方用上只言片语，就可成为全篇的警策

（警策就是精练扼要而含义深刻动人的句子，又称警句）。

笼天地于形内，挫万物于笔端。

大意：天地虽大，都可概括在形体之中；万物虽多，都可描绘于笔下。

势利之交，难以经远。

大意：建立在权势和名利之上的交往，是难以持久的。

西晋·无名氏

人寿百年能几何，后来新妇今为婆。

大意：人就是活到一百岁，又能有多少时间呢？最晚才做新媳妇的，如今也已经变成了婆婆。说明光阴似箭。

西晋·羊祜

天下不如意，恒十居七八。

大意：人世间不满意的事情，往往要占到十分之七八。

西晋·张协

腾云似涌烟，密雨如散丝。

大意：腾空而起的云像涌动的烟一样，细密的雨点如散落的丝线一般。

西晋·挚虞

禄无常家，福无定门。

大意：福、禄没有不变的定数。

西晋·左思

非必丝与竹，山水有清音。

大意：不一定非要是丝竹之类的乐器，山水也能发出清澈动听的声音。

第二节 东晋时期的名言佳句

东晋·陶渊明

不戚戚于贫贱，不汲汲于富贵。

大意：不为贫贱而忧虑悲伤，不为富贵而匆忙追求。意思是不在贫穷中丧失斗志，不在富贵中沾沾自喜。

不为五斗米折腰。

大意：不为了获得五斗米而弯腰行礼。比喻为人清高，有骨气，不为利禄所动。

不足为外人道。

大意：不必跟外面的人说。现多用于要求别人不要把有关的事告诉其他人。

晨兴理荒秽，戴月荷锄归。

大意：早晨起来到田间清除野草，晚间顶着月亮扛着锄头回来。

好读书，不求甚解。

大意：喜爱读书，但不一定要求完全理解。

羁鸟恋旧林，池鱼思故渊。

大意：养在笼子里的鸟留恋自己原来的树林，池中的鱼儿思念自己原来所在的河流。形容十分想家。

结庐在人境，而无车马喧。问君何能尔，心远地自偏。采菊东篱下，悠然见南山。山气日夕佳，飞鸟相与还。此中有真意，欲辨已忘言。(《饮酒》)

大意：家建在众人聚居的地方，可是从来没有车马的喧闹。要问我怎么能如此，思想远离尘世，所处之地也就自然偏僻。在东墙下采撷菊花，悠然间那远处的南山映入眼帘。傍晚山色秀丽，飞鸟结伴而还。此中含有人生的真义，想辨别出来，却忘了如何用语言表达。

久在樊笼里，复得返自然。

大意：长久地困在笼子里面，现在总算又能够返回到大自然了。

落地为兄弟，何必骨肉亲！

大意：来到这个世界上的都应该成为兄弟，何必在乎骨肉之亲、血缘之情呢！

木欣欣以向荣，泉涓涓而始流。

大意：树木长得欣欣向荣，泉水开始缓缓流动。

奇文共欣赏，疑义相与析。

大意：有好的文章就共同欣赏，遇见疑惑就一起分析。

人生若寄，憔悴有时。

大意：人生在世，好像旅客寄宿一样，终将枯槁黄泉之下。这是比喻人生的短暂。

盛年不重来，一日难再晨。及时当勉励，岁月不待人。

大意：一生中最好的时光是不会重来的，一天里也不会再经历一个早晨。应该及时自己勉励自己，毕竟时间是不等人的。

未言心相醉，不再接杯酒。

大意：还没有说话心就已经醉了，不用再喝酒了。

刑天舞干戚，猛志固常在。

大意：刑天挥舞着盾牌和大斧，它勇猛的斗志永远不衰。

衣沾不足惜，但使愿无违。

大意：衣服湿了又有什么可惜，只求我那心愿至死不移。

忆我少壮时，无乐自欣豫。猛志逸四海，骞翮思远翥。

大意：回忆我自己的少壮时代，即便没有遇上快乐的事情，心里也自然地充满了欢乐。心中满怀豪情壮志，想要超越四海，就像鸟儿一般，能够挥动翅膀，凌空高飞。

东晋·王羲之

群贤毕至，少长咸集。

大意：很多有才能的人都来了，年少的年长的都聚集在这里。

第五章

南北朝时期的名言佳句

第一节　南朝时期的名言佳句

南朝·鲍令晖

容华一朝尽，惟余心不变。

大意：美丽的容颜很快就会消失，只有我对你的一片忠心却不改变。

南朝·鲍照

千金何足重，所存意气间。

大意：千金是不足为贵的，贵在有志气。

自古圣贤尽贫贱，何况我辈孤且直。

大意：自古以来圣人贤者都贫困不得志，何况像我们这样孤高而耿直的人呢。

南朝·陈叔宝

此处不留人，自有留人处。

大意：这里不可居留，自会有可居留的地方。

南朝·范晔

不入虎穴，焉得虎子。（原文为："不入虎穴，不得虎子。"）

大意：不进入老虎窝，怎能捉到小老虎？比喻不亲历险境就不能获得成功。

疾风知劲草，岁寒见后凋。

大意：在狂风中才能看出草的坚韧，在严寒里才能知道松柏最后才凋谢。

举大事者，不忌小怨。

大意：做大事业的人，不能顾忌小恩小怨。

贫贱之知不可忘，糟糠之妻不下堂。

大意：贫困时结交的知心朋友不可遗忘，共患难的妻子不可抛弃。

失之东隅，收之桑榆。

大意：在某处先有所失，在另一处终有所得。现比喻在某一方面有所失败，但在另一方面有所成就。

使功不如使过。（原文为："使功者不如使过。"）

大意：使用有功绩之人，不如起用有过失者，使其效命自勉，将功补过。

水可载舟，亦可覆舟。

大意：水可以浮载船，也可以颠覆船。比喻在平时要想到可能发生的困难和危险。

阳春之曲，和者必寡；盛名之下，其实难副。

大意：高难深奥的乐曲，能和唱的人一定很少；在美好的声名之下，实际的才德常常难以相符。

有志者，事竟成。

大意：只要有决心，有毅力，事情终究会成功。

丈夫为志，穷当益坚，老当益壮。

大意：男子汉大丈夫，就应当有志气。处境越穷困，意志应当越坚定，年纪越大，志气应当越旺盛。

志士不饮盗泉之水，廉者不受嗟来之食。

大意：有志气的人不喝名叫“盗泉”的水，高洁的人不接受不敬的人给的食物。形容人有志气。

南朝·刘勰

操千曲而后晓声，观千剑而后识器。

大意：练习一千支乐曲之后才能懂得音乐，观察过一千柄剑之后才知道如何识别剑器。

登山则情满于山，观海则意溢于海。

大意：登上高山，情感就弥漫了大山；眺望大海，诗意就像海水一样翻腾。

句有可削，足见其疏；字不得减，乃知其密。

大意：句子有可删的，可见文辞的粗疏；文字不能删减，才知道文辞的严密。

情动而言形，理发而文见。

大意：感情激动了自然形成言辞，道理表达出来就体现为文章。

南朝·刘义庆

管中窥豹，时见一斑。

大意：从竹管的小孔里看豹，只看到豹身上的一块斑纹。比喻只看到事物的一部分，指所见不全面或略有所得。

盲人骑瞎马，夜半临深池。

大意：一个盲人骑着一匹瞎马在半夜没人的时候，走在深池的边上。比喻面临极危险的情况而不自知。

排沙简金，往往见宝。

大意：拨开沙子来挑选金子，通常能够看得到宝贵的东西。比喻从大量的东西中选取精华。

小时了了，大未必佳。

大意：小时候很聪明，长大了未必出色。

南朝·沈约

梦中不识路，何以慰相思。

大意：分别以后，梦中不认识路途，难以相会，用什么来安慰我的相思之情呢？诗句充满了依依惜别之情。

南朝·王籍

蝉噪林逾静，鸟鸣山更幽。

大意：知了的聒噪使林子显得愈发安静，鸟儿的鸣叫使山里变得更加幽静。

南朝·萧绎

一年之计在于春，一日之计在于晨。

大意：一天的事情要在早晨就想好，一年的事情要在春天就想好。

南朝·谢灵运

池塘生春草，园柳变鸣禽。

大意：池塘边长起了春草，园中柳树上也换了鸟儿在歌唱。

南朝·谢朓

余霞散成绮，澄江静如练。

大意：晚霞像美丽的锦缎一样，澄清的江水平静得如同一条洁白的绸带。

南朝·周兴嗣《千字文》中的名言佳句

祸因恶积，福缘善庆。

大意：祸害是因为多次作恶积累而成，幸福是由于常年行善得到的。

女慕贞洁，男效才良。

大意：女子要思慕那些为人称道的贞妇洁女，男子要效法有德有才的贤人。

上和下睦，夫唱妇随。

大意：长辈和晚辈要和睦相处，夫妇要一唱一随，协调和谐。

天地玄黄，宇宙洪荒，日月盈昃，辰宿列张，寒来暑往，秋收冬藏。

大意：苍天是黑色的，大地是黄色的。茫茫宇宙辽阔无边。太阳有正有斜，月亮有缺有圆。星辰布满在无边的太空中。寒暑循环变换，来了又去，去了又来。秋季里忙着收割，冬天里忙着储藏。

云腾致雨，露结为霜。

大意：云气升到天空，遇冷就形成雨；露水碰上寒夜，很快凝结为霜。

第二节　北朝时期的名言佳句

北朝·杜弼

城门失火，殃及池鱼。

大意：城门失火，大家都到护城河取水，水用完了，鱼也死了。比喻因受连累而遭到损失或祸害。

北朝·郦道元

巴东三峡巫峡长，猿鸣三声泪沾裳。

大意：巴东三峡之中巫峡最长，猿猴鸣叫三声凄凉得令人眼泪沾满衣裳。

北朝·无名氏

将军百战死，壮士十年归。

大意：将士们经过无数次出生入死的战斗，多年之后才得胜而归。

万里赴戎机，关山度若飞。

大意：不远万里，奔赴战场，像飞一样地跨过一道道的关隘，越过一座座的山。

敕勒川，阴山下，天似穹庐，笼盖四野。天苍苍，野茫茫，风吹草低见牛羊。

大意：敕勒人生活的原野在阴山脚下，这里的天幕像毡帐篷一样笼罩着辽阔的大地。苍天浩渺无边，草原茫茫无际，每当大风吹来草儿低伏的时候，放牧的牛羊就显现出来。

北朝·魏收

抽薪止沸，剪草除根。

大意：抽掉锅底下正在燃烧的柴火，使锅里的水不再沸腾。把草剪去，把根去掉。比喻从根本上解决问题。

北朝·颜之推

婚姻勿贪势家。

大意：结婚、找对象等不要贪图有势力的人家。

积财千万，不如薄技在身。

大意：积蓄大量财产，不如学点小技术。

潜移暗化，自然似之。

大意：人的思想或性格不知不觉地受到感染、影响而发生变化，自然而然地与周围的人或事相类似。

与善人居，如入芝兰之室，久而自芳也；与恶人居，如入鲍鱼之肆，久而自臭也。

大意：和善人在一起，如同进入养育芝兰的花房，时间一久自然就芬芳；若是和恶人在一起，如同进入卖咸鱼的店铺，时间一久自然就腥臭。

第六章

隋唐时期的名言佳句

第一节 李白的名言佳句

安能摧眉折腰事权贵，使我不得开心颜。

大意：怎么能够低头弯腰地去侍奉那些权贵之人，让我自己一点都不开心？

白发三千丈，缘愁似个长。不知明镜里，何处得秋霜？（《秋浦歌》）

大意：白发有三千丈的长度，是因为我的忧愁有如此之长。不明白（照镜时）在明亮的镜子里，是什么忧愁使自己的白发如秋霜一般。

长风破浪会有时，直挂云帆济沧海。

大意：乘长风破万里浪，高高挂起云帆，在沧海中勇往直前。

朝辞白帝彩云间，千里江陵一日还。两岸猿声啼不住，轻舟已过万重山。（《早发白帝城》）

大意：清晨，我告别高入云霄的白帝城，江陵远在千里，船行只一日时间。两岸的猿声还在耳边不停地鸣响，不知不觉，轻舟已穿过万重青山。

抽刀断水水更流，举杯消愁愁更愁。

大意：抽刀断水水仍流，用酒消愁更添愁。

床前明月光，疑是地上霜。举头望明月，低头思故乡。（《静

夜思》)

大意：坐在井床上看天上明月洒在地上的月光，宛如层层的白霜。仰头看那空中的一轮明月，不由得低下头来沉思，更加想念自己的故乡。

春风知别苦，不遣柳条青。

大意：春风好像知道我别离的愁苦，不让预示着离别的柳条在此时返青。

此地一为别，孤蓬万里征。

大意：此地一别，离人就要像那随风飞舞的蓬草，飘到万里之外去了。

此夜曲中闻折柳，何人不起故园情?

大意：在今夜，听到哀伤的《折杨柳》，能不勾起思乡之情吗?

大道如青天，我独不得出。

大意：人间大路如同青天一样广阔，可我却偏偏找不到出路。

大鹏一日同风起，扶摇直上九万里。

大意：大鹏总有一天会和风飞起，凭借风力直上九天云外。

登高壮观天地间，大江茫茫去不还。

大意：登上庐山纵览天地，才领略天地壮观，俯瞰茫茫长江一去不还，流向东方。

凤凰台上凤凰游，凤去台空江自流。吴宫花草埋幽径，晋代衣冠成古丘。三山半落青天外，一水中分白鹭洲。总为浮云能蔽日，长安不见使人愁。(《登金陵凤凰台》)

大意：凤凰台上曾经有凤凰鸟来这里游憩，而今凤凰鸟已经飞走了，只留下这座空台，伴着江水，仍径自东流不停。当年华丽的吴王宫殿，以及宫中的千花百草，如今都已埋没在荒凉幽僻的小径中，晋代的达官显贵们，就算曾经有过辉煌的功业，如今也长眠于古坟中，化为一抔黄土。我站在台上，看着远处的三山，依然耸立在青天之外，白鹭洲把秦淮河隔成两条水道。天上的浮云随风飘荡，有时把太阳遮住，使我看不见长安城，不禁感到非常忧愁。

浮云游子意，落日故人情。

大意：白云飘浮不定如同游子的心意，太阳缓缓落山像我依依不舍的感情。

故人西辞黄鹤楼，烟花三月下扬州。孤帆远影碧空尽，唯见长江天际流。(《黄鹤楼送孟浩然之广陵》)

大意：老朋友辞别西边的黄鹤楼，在百花盛开的三月去繁华的扬州。孤独的帆船远去的影子在蔚蓝的天空里消失了，只看到长江水向天边奔流。

光景不待人，须臾发成丝。

大意：时间不等人，转眼之间头发变白了。

今人不见古时月，今月曾经照古人。

大意：今天的人不会见到古时候的月亮，而今天的月亮曾经照耀过古时候的人。用于慨叹人生短暂，而岁月无穷。

俱怀逸兴壮思飞，欲上青天揽明月。

大意：我们都满怀豪情逸兴，飞跃的神思想飞上高高的青天，去摘取那皎洁的明月。

君不见黄河之水天上来，奔流到海不复回；君不见高堂明镜悲白发，朝如青丝暮成雪。

大意：你难道没有看见，黄河水有如从天上倾泻而来？它滚滚东去，奔向渤海，永远不会回还。你难道没有看见，在高堂上面对明镜，悲叹那一头白发？早晨还是满头青丝，傍晚却变得如雪一般白。

兰陵美酒郁金香，玉碗盛来琥珀光。但使主人能醉客，不知何处是他乡。（《客中行》）

大意：兰陵出产的美酒，透着醇浓的郁金香的芬芳，盛在玉碗里看上去犹如琥珀般晶莹。只要主人同我一道尽兴畅饮，一醉方休，我就忘记自己身在异乡为客了。

李白乘舟将欲行，忽闻岸上踏歌声。桃花潭水深千尺，不及汪伦送我情。（《赠汪伦》）

大意：我坐上船将要远行，忽然听到岸边上有踏歌声。桃花潭的水即使有千尺深，也比不上汪伦为我送别的情谊深！

暮从碧山下，山月随人归。

大意：黄昏时从碧山下来，山上的明月伴随我回家。

且乐生前一杯酒，何须身后千载名。

大意：姑且高高兴兴地畅饮生前的这杯酒，何必去斤斤计较死后能否千载留名。

清水出芙蓉，天然去雕饰。

大意：像那刚出清水的芙蓉花，质朴明媚，毫无雕琢装饰。喻指文学作品像芙蓉出水那样自然清新。

请君试问东流水，别意与之谁短长。

大意：请你试着问问那向东奔流的长江水，我们离别的情谊与它相比谁长谁短呢?

秋风吹不尽，总是玉关情。

大意：阵阵秋风吹个不停，声声都是思念征人之情。

却顾所来径，苍苍横翠微。

大意：回头望望刚才走过的山间小路，苍苍茫茫笼罩在一片青翠中。

人生得意须尽欢，莫使金樽空对月。

大意：人生在世每逢得意之时，理应尽情欢乐，切莫让金杯空对皎洁的明月。

人生贵相知，何用金与钱。

大意：人与人之间贵在彼此知心友好，哪里用得着用金钱来交往。

日照香炉生紫烟，遥看瀑布挂前川。飞流直下三千尺，疑是银河落九天。（《望庐山瀑布》）

大意：在阳光照射下香炉峰生起紫色的烟霞，遥望瀑布像白色绸带挂在山川间。飞流直下的水像是有几千尺，使人怀疑那是银河泻落人间。

荣华东流水，万事皆波澜。

大意：人世间的荣华富贵，就像那一江东流水，无情地流逝；人间的诸事都像江水，波澜起伏不过在一瞬间。

山随平野尽，江入大荒流。

大意：连绵的群山随着平原的出现而不复见了，江水汹涌地奔流着进入无边无际的旷野。

少年负壮气，奋烈自有时。

大意：年少时胸怀豪杰之气，未来自然将会飞黄腾达。

蜀道之难，难于上青天！

大意：蜀道难走，比上天还难！

天地者，万物之逆旅；光阴者，百代之过客。

大意：天地是万物暂宿的旅舍，光阴像千百年往来不歇的过客。

天门中断楚江开，碧水东流至此回。两岸青山相对出，孤帆一片日边来。（《望天门山》）

大意：天门山从中间断开，给楚江让出奔泻的通道，碧绿的江水，滚滚东流到这里，可是又旋转向北流去。两岸的青山相对峙，双峰耸立，在那天水相接之处，一片白帆沐浴着灿烂的阳光，从天边飘来。

天生我材必有用，千金散尽还复来。

大意：既然老天造就了我这栋梁之材，就一定会让我有用武之地，即使散尽了千两黄金，也会重新得到。

危楼高百尺，手可摘星辰。不敢高声语，恐惊天上人。（《夜宿山寺》）

大意：山上寺院的高楼很高很高，人在楼上一伸手就可以摘到天上的星星。我不敢大声说话，恐怕惊动天上的神仙。

问余何意栖碧山，笑而不答心自闲。桃花流水窅然去，别有天地非人间。（《山中答俗人》）

大意：有人问我为什么住在碧山上，我笑而不答，心中却闲适自乐。山上的桃花随着流水悠悠地向远方流去，好像另外一处天地，不是凡尘世界所能比拟的。

我寄愁心与明月，随风直到夜郎西。

大意：让我把为你而忧愁的心托付给天上的明月吧，由风吹送到夜郎以西。

五岳寻仙不辞远，一生好入名山游。

大意：为了寻仙，遍访五岳不辞遥远，平生我最爱到名山去遨游。

相见情已深，未语可知心。

大意：一见面就已经产生了深刻的感情，对方还没开口说话，就知道他心里在想什么。

小时不识月，呼作白玉盘。

大意：小时候不认识月亮，把它叫成白玉盘。

兴酣落笔摇五岳，诗成笑傲凌沧海。

大意：兴致正浓的时候提笔写成的诗文气势震撼五岳，作成的诗文乐观向上很有气魄可以超出在沧海之上。

燕山雪花大如席，片片吹落轩辕台。

大意：燕山的雪花大如竹席，一片片地吹落到轩辕台上。

仰天大笑出门去，我辈岂是蓬蒿人？

大意：抬头大笑得意地走出门去，难道我们这类人会是那种胸无大志的庸人吗？

耶溪采莲女，见客棹歌回。笑入荷花去，佯羞不出来。（《越女词》）

大意：耶溪上的采莲女，见了陌生人便一边调转船头一边唱着歌往回走。她们笑着往密密的荷花丛里驶去，假装害羞不肯再出来。

一夫当关，万夫莫开。

大意：一个人把着关口，一万个人也打不进来。形容地势十分险要。

吟诗作赋北窗里，万言不值一杯水。世人闻此皆掉头，有如东风射马耳。

大意：俯首北窗，吟诗作赋，写了千言万语，在这世上不值一杯淡淡的清水，不值分文。世人听说你吟诗作赋，就把头转过去了，就像是东风吹马耳，怎么吹也无动于衷。

欲渡黄河冰塞川，将登太行雪满山。

大意：想渡黄河，冰雪堵塞了这条大川；要登太行，莽莽的风雪早已封山。

愿将腰下剑，直为斩楼兰。

大意：只愿挥起腰下的宝剑，过关斩将，打败敌人。

云青青兮欲雨，水澹澹兮生烟。

大意：乌云黑沉，就要下雨，水波荡漾，升起阵阵烟雾。

中夜四五叹，常为大国忧。

大意：深更半夜叹息四五次，经常为自己的伟大国家担忧。

众鸟高飞尽，孤云独去闲。相看两不厌，只有敬亭山。（《独坐敬亭山》）

大意：鸟儿们飞得没有了踪迹，天上飘浮的孤云也不愿意留下，慢慢向远处飘去。只有我看着高高的敬亭山，敬亭山也在默默无语地注视着我，我们俩谁也不会觉得厌烦。能理解我此时寂寞的心情的，只有这高高的敬亭山了。

珠玉买歌笑，糟糠养贤才。

大意：珠玉本为珍贵的东西，却用来买歌笑，而用糟糠去养贤才。

第二节　杜甫的名言佳句

安得广厦千万间，大庇天下寒士俱欢颜，风雨不动安如山？

大意：怎么才能得到千万间宽敞高大的房子，庇护普天下贫寒的读书人，让他们个个都开颜欢笑，居住在这房子里不为风雨所动摇，安稳得像山一样？

笔落惊风雨，诗成泣鬼神。

大意：落笔时风雨为之震惊，诗成后鬼神为之哭泣。

别裁伪体亲《风》《雅》，转益多师是汝师。

大意：鉴别、裁定有违《风》、《雅》规范的诗歌或风格不纯正的文章而亲近模仿《风》、《雅》的风格，你要以更多的人为师来学习更多的东西。

不薄今人爱古人，清词丽句必为邻。

大意：不能一概否定今人而一味推崇古人，六朝时的“清词丽句”也有可取之处，不能废而不讲。总之，不论今人、古人，清词、丽句，有长处就要学习借鉴。

车辚辚，马萧萧，行人弓箭各在腰。

大意：战车隆隆响，战马萧萧鸣，出征的士兵个个把弓箭佩在腰间。

迟日江山丽，春风花草香。

大意：春天的江河山川非常明丽，春风里到处弥漫着花草的香味。

出师未捷身先死，长使英雄泪满襟。

大意：诸葛亮出师伐魏没有成功便病亡军中，后世英雄经常对此伤感流泪。

穿花蛱蝶深深见，点水蜻蜓款款飞。

大意：蝴蝶在花丛中穿行，时隐时现。蜻蜓缓缓飞动，时而点着水面。

此曲只应天上有，人间能得几回闻？

大意：这样的曲子只有神仙才能享有，人世间能够听到几回？

丹青不知老将至，富贵于我如浮云。

大意：（杜甫的朋友曹霸）专攻绘画以至于不知道变得衰老，荣华富贵对于他而言如空中浮云。

但见新人笑，哪闻旧人哭？

大意：只看见新人在欢笑，哪里听得到旧人在悲哭。

读书破万卷，下笔如有神。

大意：将万卷书读破了，下笔写文章就如有神助。比喻要想写好文章，就要多读书。

尔曹身与名俱灭，不废江河万古流。

大意：你们这些人的身体死亡了，名字被人忘了，也阻止不了江河的万古长流。

翻手为云，覆手为雨。（原文为："翻手作云覆手雨。"）

大意：形容人反复无常或惯于耍手段。

浮云终日行，游子久不至。

大意：天上的浮云整天飘来飘去，而远方的游子却久久不至。

富贵必从勤苦得，男儿须读五车书。

大意：富贵必须勤苦努力才能得到；男儿想有所成就，就必须刻苦读书，学富五车。

功盖三分国，名成八阵图。江流石不转，遗恨失吞吴。

大意：三国鼎立，孔明的功勋最为卓著，他创制的八卦阵，更是名扬千古。任凭江流冲击，石头却依然如故，千年遗恨，在于刘备失策想吞并吴国。

冠盖满京华，斯人独憔悴。

大意：京城满是那些得志者的衣冠车盖，只有李白这个人独自憔悴。

国破山河在，城春草木深。感时花溅泪，恨别鸟惊心。烽火连三月，家书抵万金。白头搔更短，浑欲不胜簪。（《春望》）

大意：故国沦亡，空留下山河依旧，春天来临，长安城中荒草深深。感叹时局，看到花开也不由得流下眼泪，怨恨别离，听到鸟鸣也禁不住心中惊悸。战火连绵，如今已是暮春三月，家书珍贵，足抵得上万两黄金。痛苦中我的白发越搔越短，简直要插不上头簪。

古来材大难为用。

大意：自古以来，能力强难用于小事。形容怀才不遇。

好雨知时节，当春乃发生。随风潜入夜，润物细无声。

大意：好雨像是知道季节的变化，到了春天就降临。伴随着春风悄悄地飘洒在夜里，滋润着万物，细微而没有声音。

花径不曾缘客扫，蓬门今始为君开。

大意：长满花草的庭院小路，还没有因为迎客打扫过，一向紧闭的家门，今天才第一次为你打开。

黄四娘家花满蹊，千朵万朵压枝低。留连戏蝶时时舞，自在娇莺恰恰啼。（《江畔独步寻花》）

大意：黄四娘家周围的小路上开满了缤纷的鲜花，千朵万朵的鲜花压得枝条都低低弯下了身。嬉闹的彩蝶恋恋不舍地盘旋飞舞，自由自在的小黄莺叫声婉转动人。

会当凌绝顶，一览众山小。

大意：一定要登上山的顶峰，俯瞰那众山，而众山就会显得极为渺小。

剑外忽传收蓟北，初闻涕泪满衣裳。却看妻子愁何在，漫卷诗书喜欲狂。白日放歌须纵酒，青春作伴好还乡。即从巴峡穿巫峡，便下襄阳向洛阳。（《闻官军收河南河北》）

大意：在剑门外忽然听说官军收复了蓟北，刚听到这个好消息，泪水就沾满了衣裳。再看妻子和孩子，哪还有一丝客居的忧伤？我胡乱地卷起诗书，高兴得简直要发狂。在明媚的阳光下，我放声高歌，美好春光将陪伴我回到故乡。马上坐船从巴峡穿过巫峡，然后直下襄阳奔向老家洛阳。

江碧鸟逾白，山青花欲燃。

大意：江水碧绿衬出江鸟的毛色更白，山色青翠衬出山花的灿烂如火。

交情老更亲。

大意：朋友之间的交情随着年老而更加亲切。

酒债寻常行处有，人生七十古来稀。

大意：喝酒欠债的事到处都有，但人活到七十岁的情况自古以来就不多。

娟娟戏蝶过闲幔，片片轻鸥下急湍。

大意：缓缓飞舞的蝴蝶，穿空而过挂在船窗的宽大的帷幔，只只白鸥轻快地追逐着急流飞翔，远远离去。

绝代有佳人，幽居在空谷。

大意：有一个美艳绝代的佳人，隐居在僻静的深山野谷。

君看磊落士，不肯易其身。

大意：你看那些光明磊落的人，无论如何都不会改变自己的原则立场。

两个黄鹂鸣翠柳，一行白鹭上青天。窗含西岭千秋雪，门泊东吴万里船。

大意：两只黄鹂站在翠绿的柳枝上鸣唱，一行白鹭飞向蓝天。远远地可以看到窗外岷山上千年不化的积雪，门外停靠着来自万里之外的东吴的航船。

露从今夜白，月是故乡明。

大意：今日正是白露节，望月怀思，觉得故乡的月亮更圆更亮。

千秋万世名，寂寞身后事。

大意：千秋万代的美名，那是寂寞一生之后的事了。也就是说，身后的赞誉、肯定，弥补不了身前的冷落悲戚。

人生交契无老少，论交何必先同调。

大意：人与人之间的交情没有年老年幼之分，谈到交情，何必先求同调呢?

三顾频烦天下计，两朝开济老臣心。

大意：定夺天下，先主曾三顾茅庐拜访，辅佐两朝，开国与继业忠诚满腔。

射人先射马，擒贼先擒王。

大意：要射敌人，就要先射敌人的马，要抓敌人，就要先抓住敌人的头头。比喻要先抓住或处理主要问题。

十日画一水，五日画一石。

大意：比喻作画构思精密，不轻易下笔。

桃花一簇开无主，可爱深红与浅红。

大意：盛开的无主桃花美极了，使人不知爱深红的好，还是爱浅红的好。

为人性僻耽佳句，语不惊人死不休。

大意：本人性格怪僻，只沉溺于美好的诗句，话语不惊人就算死了也绝不甘休。

文章千古事，得失寸心知。

大意：文章是传之千古的事业，而其中的甘苦得失只有作者自己心里知道。

无边落木萧萧下，不尽长江滚滚来。

大意：无边无际的落叶萧萧落下，无穷无尽的长江水滚滚而来。

细雨鱼儿出，微风燕子斜。

大意：蒙蒙细雨中，鱼儿欢跃，时不时跳出水面，微风中，燕子斜飞。

新松恨不高千尺，恶竹应须斩万竿。

大意：新松恨不能长到千尺高，恶竹则必须全部加以砍掉。

星垂平野阔，月涌大江流。

大意：星星垂在天边，平野显得宽阔；月光随波涌动，大江滚滚东流。

正是江南好风景，落花时节又逢君。

大意：在这风景一片大好的江南，正是落花时节，能巧遇你这位老相识。

仲夏苦夜短，开轩纳微凉。

大意：苦于仲夏的晚上太短了，把窗户打开，凉快一下。

朱门酒肉臭，路有冻死骨。

大意：富贵人家酒肉多得吃不完而腐臭，穷人们却在街头因冻饿而死。形容贫富悬殊的社会现象

自去自来梁上燕，相亲相近水中鸥。

大意：梁上的燕子自由自在地飞来飞去，水中的鸥鸟互相追逐嬉戏，亲亲热热。

第三节　白居易的名言佳句

别有幽愁暗恨生，此时无声胜有声。

大意：另外流露出一种潜藏在内心深处的愁恨，这时候没有声音，却比有声音时更加激动人心。

嘈嘈切切错杂弹，大珠小珠落玉盘。

大意：嘈嘈切切，错杂成一片，如同大珠小珠落满了玉盘。

独出前门望野田，月明荞麦花如雪。

大意：独自走出大门，看到的是一大片的田地，因为有月亮的照射，田地里的荞麦花如雪花一般。

高者未必贤，下者未必愚。

大意：身居高位的人不一定就才能高、德行好，而下面的人也不一定就愚笨。

更待菊黄家酿熟，共君一醉一陶然。

大意：等到秋后菊黄，家酿的美酒熟了之时，我再和你一醉方休，共享那陶然之乐。

后宫佳丽三千人，三千宠爱在一身。

大意：后宫美人儿三千，对三千人的宠爱都集中在她一个人身上。

回眸一笑百媚生，六宫粉黛无颜色。

大意：回头嫣然一笑，百般娇媚同时显现出来。后宫的美女们与杨贵妃相比，全都黯然失色。

几处早莺争暖树，谁家新燕啄春泥。

大意：几处早莺争着飞上向阳的树枝，不知哪家新来的燕子衔着春泥垒窝。

江南好，风景旧曾谙。日出江花红胜火，春来江水绿如蓝。能不忆江南？（《忆江南》）

大意：江南的风景多么美好，如画的风景久已熟悉。太阳从江面升起时江边的鲜花比火红，春天到来时碧绿的江水像湛蓝的蓝草。怎能叫人不怀念江南？

可怜身上衣正单，心忧炭贱愿天寒。

大意：数九寒天可怜身上穿的衣服很单薄，但是心里担忧炭的价钱便宜，希望天气更寒冷些。

力尽不知热，但惜夏日长。

大意：已经劳累得筋疲力尽了，甚至感觉不到盛夏到底有多么的炎热，只是希望夏季的白天时间再长一点。

门前冷落鞍马稀，老大嫁作商人妇。

大意：门前冷落，车马越来越稀少，年龄大了只得嫁给商人为妻。

平生知心者，屈指能几人？

大意：平生知心的人，屈指数数能有几个人呢？

千呼万唤始出来，犹抱琵琶半遮面。

大意：再三呼唤，才肯走出来，还抱着琵琶，遮住半边脸庞。

千里始足下，高山起微尘。

大意：千里之远是由一步一步走出来的，高山之大是从微尘积累起来的。

劝君莫打枝头鸟，子在巢中望母归。

大意：劝你不要打枝头的鸟，幼鸟正在巢中等候着母鸟回来。

人间四月芳菲尽，山寺桃花始盛开。长恨春归无觅处，不知转入此中来。（《大林寺桃花》）

大意：四月，平地上正是春归芳菲落尽的时候，但高山古寺之中的桃花竟然才刚刚开始盛放。我常常为春天的逝去，为其无处寻觅而伤感，此时重遇春景后，喜出望外，猛然“醒悟”到：原来春天是转到这里来了。

人生莫作妇人身，百年苦乐由他人。

大意：人来到世上千万不要做女人，她的一生完全是由别人支配的。

奢者狼藉俭者安，一凶一吉在眼前。

大意：奢侈的人狼藉，简朴的人安定，哪个凶哪个吉，明明白白摆在眼前。指奢侈的人和简朴的人各有所报。

生为同室亲，死为同穴尘。

大意：生前为夫妻，死后葬一起。

试玉要烧三日满，辨材须待七年期。

大意：试玉真假得烧整整三天，辨别木头好坏得要七年。

谁知将相王侯外，别有优游快活人。

大意：王侯将相等人固然生活得好，但除了他们之外，还有其他生活得悠闲和快乐的人。

天长地久有时尽，此恨绵绵无绝期。

大意：即使是天长地久，也会有终了之时，唯有这生死遗恨，永远没有尽期。

天生丽质难自弃，一朝选在君王侧。

大意：天生丽质无法埋没，终于被选到皇上身边。

同是天涯沦落人，相逢何必曾相识！

大意：同样是失意人流落在远方，碰在一起，从前不认识那又何妨！

文章合为时而著，歌诗合为事而作。

大意：文章应该为反映当前时代而撰写，诗歌应该为反映当前实事而创作。

物以稀为贵，情因老更慈。

大意：事物因稀少而觉得珍贵，感情因年老而更加慈爱。

相恨不如潮有信，相思始觉海非深。

大意：恨你比不上海潮的去来，都守着一定的汛期；几番相思之后，才开始感觉到人们都说的海有多深，事实上并不深，因为海根本就比不上我对你的相思深。

言者无罪，闻者足戒。

大意：提意见的人只要是善意的，即使提得不正确，也是无罪的。听取意见的人即使没有对方所提的缺点错误，也值得引以为戒。

杨家有女初长成，养在深闺人未识。

大意：杨家有位刚长成的姑娘，养在深闺里没人见过她的容颜。

野火烧不尽，春风吹又生。

大意：野火烧不尽，遇到春风吹拂又会生长起来。

一丛深色花，十户中人赋。

大意：富人仅仅买一丛深色的牡丹花，就要挥霍十户中等人家交纳的赋税。

一道残阳铺水中，半江瑟瑟半江红。可怜九月初三夜，露似真珠月似弓。

大意：夕阳斜照在江面上，江水一半是绿色一半是红色。九月初三的夜晚多可爱啊，露水像珍珠，月儿像弯弓。

在天愿作比翼鸟，在地愿为连理枝。

大意：在天上，我们愿作比翼齐飞的鸟；在地上，我们甘为永不分离的连理枝。

转轴拨弦三两声，未成曲调先有情。

大意：拧转轴子，拨动了两三下丝弦，还没有弹成曲调，已经充满了情感。

第四节　隋唐时期其他人的名言佳句

隋·薛道衡

入春才七日，离家已二年。人归落雁后，思发在花前。（《人日思归》）

大意：入春才过七天，离开家乡却已经有两年。回家的日子要落在春回大地北飞的雁群之后了，但是想回家的念头却在春花开放以前就有了。

唐·曹松

一将功成万骨枯。

大意：一个将军的成功是靠许许多多的人的牺牲换来的。

唐·岑参

古来青史谁不见，今见功名胜古人。

大意：自古以来青史留名的谁不知晓，看今人的功名胜过古人。

忽如一夜春风来，千树万树梨花开。

大意：忽然好像一夜春风吹来，千树万树洁白的梨花斗艳盛开。

马上相逢无纸笔，凭君传语报平安。

大意：在骑马行进途中相遇，身上没有带写信的纸和笔，通过你给家里捎个口信，报个平安。

唐·常建

清晨入古寺，初日照高林。曲径通幽处，禅房花木深。山光悦鸟性，潭影空人心。万籁此皆寂，惟闻钟磬音。(《题破山寺后禅院》)

大意：清晨我漫步走到这座古寺，初升的太阳照耀着高耸的丛林。一条曲折的小路通向幽静的远方，那里是被花木浓阴覆盖着的禅房。山光明净，鸟儿欢悦地歌唱，深潭倒影，更使人觉得心境空灵。万物一片沉寂，只听到那悠悠钟磬的回声。

唐·陈子昂

前不见古人，后不见来者。念天地之悠悠，独怆然而涕下。

大意：前不见圣贤之君，后不见贤明之主。想起天地茫茫悠悠无限，不觉悲伤地流下眼泪。

杀一人则千人恐，滥一罪则百夫愁。

大意：处死一个人，那么，一千个人就会感到恐惧；加重惩处一种罪行，那么，一百个人就会感到担心。

兄弟敦和睦，朋友笃诚信。

大意：兄弟之间要崇尚和睦，朋友之间要注重诚信。

唐·崔颢

昔人已乘黄鹤去，此地空余黄鹤楼。黄鹤一去不复返，白云千载空悠悠。晴川历历汉阳树，芳草萋萋鹦鹉洲。日暮乡关何处是？烟波江上使人愁。(《黄鹤楼》)

大意：过去的仙人已经驾着黄鹤飞走了，这里只留下一座空荡荡的黄鹤楼。黄鹤一去再也没有回来，千百年来只看见悠悠的白云。阳光照耀下的汉阳树木清晰可见，鹦鹉洲上有一片碧绿的芳草覆盖。天色已晚，眺望远方，故乡在哪儿呢？眼前只见一片雾霭笼罩江面，给人带来深深的愁绪。

唐·崔护

去年今日此门中，人面桃花相映红。人面不知何处去，桃花依旧笑春风。(《题都城南庄》)

大意：去年的今日，就在这一座门厅当中，那美丽的面庞和桃花互相映衬着，都是一般的绯红。时隔一年的今天，那美丽的面庞不知去了哪里，只有满树桃花依旧，笑对着这和煦春风。

唐·杜秋娘

劝君莫惜金缕衣，劝君惜取少年时。有花堪折直须折，莫待无花空折枝。(《金缕衣》)

大意：劝你不要顾惜华贵的金缕衣，劝你一定要珍惜青春少年时。花开宜折的时候就要抓紧去折，不要等到花谢时只折了个空枝。

唐·杜荀鹤

少年辛苦终身事，莫向光阴惰寸功。

大意：少年时期的辛苦学习是有益终身的大事，切莫有丝毫懒惰，不要浪费了大好光阴。

唐·杜牧

长安回望绣成堆，山顶千门次第开。一骑红尘妃子笑，无人知是荔枝来。（《过华清宫》）

大意：从长安回望骊山，只见林木、花卉、建筑等宛如一堆锦绣，山顶上一道道宫门逐层地打开。驿马奔驰神速，看不清所载何物，唯有杨贵妃在山上远望，知道是最心爱的荔枝被运来，欣然而笑。

尘世难逢开口笑，菊花须插满头归。

大意：尘世烦扰平生难逢开口一笑，菊花盛开之时要插满头而归。

多情却似总无情，唯觉樽前笑不成。蜡烛有心还惜别，替人垂泪到天明。（《赠别二首》其二）

大意：聚首如胶似漆作别却像无情，只觉得酒筵上要笑笑不出声。案头蜡烛有心它还依依惜别，你看它替我们流泪流到天明。

浮生恰似冰底水，日夜东流人不知。

大意：人生正像是冰面下面的河水一样，日夜往东边流去而人却一点都不知道。

各抱地势，钩心斗角。

大意：（这些亭台楼阁）各自凭借不同的地势，参差环抱，回廊环绕像钩心，飞檐高耸像斗角。

灭六国者，六国也，非秦也。族秦者，秦也，非天下也。

大意：灭六国的是六国自己，不是秦国。灭秦国的是秦王自己，不是天下的人民。

千里莺啼绿映红，水村山郭酒旗风。南朝四百八十寺，多少楼台烟雨中。（《江南春》）

大意：江南大地鸟啼声声绿草红花相映，水边村寨山麓城郭处处酒旗飘动。南朝遗留下的四百八十多座古寺，无数的楼台全笼罩在风烟云雨中。

青春留不住，白发自然生。

大意：青春想留也留不住，白发自然而然会产生。

青山隐隐水迢迢，秋尽江南草未凋。二十四桥明月夜，玉人何处教吹箫。（《寄扬州韩绰判官》）

大意：青山隐隐起伏，江流千里迢迢。时令已过深秋，江南草木尚未枯凋。扬州二十四桥，月色格外妖娆。老友你在何处，听取美人吹箫？

清明时节雨纷纷，路上行人欲断魂。借问酒家何处有？牧童遥指杏花村。（《清明》）

大意：清明节这天细雨纷纷，路上远行的人好像断魂一样迷乱凄凉。向人询问哪里有酒家，牧童远远地指了指杏花村。

人生直作百岁翁，亦是万古一瞬中。

大意：人就算是活到了一百岁，但在悠悠万古的历史中也只不过是一瞬间而已。

胜败兵家事不期，包羞忍耻是男儿。江东子弟多才俊，卷土重来未可知。（《题乌江亭》）

大意：战争的胜败是很难预料的，能够经受失败、挫折等羞辱的考验才是真正的大丈夫。江东的子弟中藏龙卧虎人才济济，如果当年重返江东再整旗鼓，有朝一日卷土重来也是说不定的。

烟笼寒水月笼沙，夜泊秦淮近酒家。商女不知亡国恨，隔江犹唱《后庭花》。（《泊秦淮》）

大意：烟的水汽笼罩在秦淮河上，月光映照着江边的沙岸。宁静的夜里把船停在岸边，靠在船家。歌女不知道亡国的遗恨，在秦淮河对岸的酒店还唱着亡国的《玉树后庭花》。

远上寒山石径斜，白云深处有人家。停车坐爱枫林晚，霜叶红于二月花。（《山行》）

大意：沿着弯弯曲曲的小路上山，在那白云深处，居然还有人家。停下车来，是因为喜爱这深秋的枫林晚景。枫叶秋霜染过，红过二月春花。

折戟沉沙铁未销，自将磨洗认前朝。东风不与周郎便，铜雀春深锁二乔。（《赤壁》）

大意：断戟沉没泥沙中，数百年来竟未销熔，自己拿来磨洗，认出是赤壁之战所用。假使当年东风不给周瑜的火攻计提供方便，大乔小乔就要被曹操锁闭在铜雀台中。

自是寻春去较迟，不须惆怅怨芳时。狂风落尽深红色，绿叶成荫子满枝。（《怅诗》）

大意：往年曾经看见花未开时的样子，可是现在自己寻芳去得太迟了。大风把树上盛开的花朵吹得凋零而满地狼藉，只剩下已经形成绿荫的树叶和累累的果实。

唐·冯延巳

风乍起，吹皱一池春水。

大意：突然起风，把春天池塘的水吹起层层波浪。现在一般的意思是说一见钟情的爱情，指突然见到心仪的异性，心情激荡。

唐·高适

桂阳年少西入秦，数经甲科犹白身。即今江海一归客，他日云霄万里人。(《送桂阳孝廉》)

大意：少年西入，虽多次参加科考，无奈难以及第，至今仍没有功名。现在归去，四海漂泊，虽然现在不得志，总有一天会出人头地，居万人之上。

借问梅花何处落，风吹一夜满关山。

大意：那是谁在吹奏来自故乡的《梅花落》？风传笛曲，一夜之间传满了关山。

莫愁前路无知己，天下谁人不识君。

大意：不要担心前面的道路上没有知己，天下有哪个人不认识你呢？

唐·顾况

一生肝胆向人尽，相识不如不相识。

大意：把一生肝胆尽抛与人，但好心没好报，认识还不如不认识哦。

唐·韩翃

春城无处不飞花，寒食东风御柳斜。

大意：到了春天的时候，京城里没有一个地方不飞着花。寒食节（清明节的前一天）的东风把御花园里的杨柳吹得斜转了。

唐·韩愈

不塞不流，不止不行。

大意：比喻只有破除旧的、错误的东西，才能建立新的、正确的东西。

草树知春不久归，百般红紫斗芳菲。

大意：花草树木知道春天即将归去，争相现出万紫千红的颜色来比美。

大凡物不得其平则鸣。

大意：一般来说，事物一旦遇到不公正的待遇，就要发出不满和反抗的呼声。

弟子不必不如师，师不必贤于弟子。闻道有先后，术业有专攻。

大意：学生不一定永远不如老师，老师不一定样样都比学生贤能，老师和学生的区别只是听到道理有的早有的迟，学问和技艺各有各的专长。

读书勤乃成，不勤腹中空。

大意：读书要勤奋才能成功，不勤奋的话，脑子里就不会有知识。

古之学者必有师。师者，所以传道授业解惑也。人非生而知之者，孰能无惑？惑而不从师，其为惑也，终不解矣。

大意：古时候求学问的人一定有老师。所谓老师，就是用来传授道理、授予专业知识、解答疑难问题的人。人不是生下来就懂道理的，谁能够没有疑难问题呢？有疑难问题却不向老师请教，那些成为疑难的问题便终究不会解决了。

及之而后知，履之而后艰。

大意：接触了实际然后才知道真相，实地做了然后才晓得困难。

可怜无益费精神，有似黄金掷虚牝。

大意：可惜一点好处也没有却耗费了不少精神，就好像把黄金投入到一片空谷之中。比喻毫无益处。

李杜文章在，光焰万丈长。

大意：李白、杜甫的诗文流传于世，放射出万丈光芒。

蚍蜉撼大树，可笑不自量。

大意：蚂蚁想摇动参天大树，太可笑，太不自量了。比喻力量微小，却不自量力，妄图动摇强大的事物。

人生处万类，知识最为贤。

大意：人生处于万种物类之中，智慧和见识最为高明。

少年乐相知，衰暮思故友。

大意：小时候高兴地交上了朋友，老了很想他们。

圣人无常师。

大意：圣人没有固定的老师。

士穷乃见节义。

大意：读书人在困境中才能看出节操来。

世有伯乐，然后有千里马。千里马常有，而伯乐不常有。

大意：世上先有伯乐，然后才有千里马。千里马经常有，但是伯乐不是经常有。

书山有路勤为径，学海无涯苦作舟。

大意：读书要勤奋，探讨学问要刻苦。否则不可能获得进步。

天高而明，地厚而平。

大意：天因为高而明亮，地因为厚而平坦。

天街小雨润如酥，草色遥看近却无。最是一年春好处，绝胜烟柳满皇都。（《早春》）

大意：长安街上细小的春雨润滑如酥，近看没有绿色，远看草色青青。早春正是一年春光的大好时节，大大胜过满城杨柳堆烟的暮春。

无贵无贱，无长无少，道之所存，师之所存也。

大意：不论地位高还是低，不论年龄大还是小，道理存在的地方，老师也就在那里。

秀外而惠中。

大意：外表秀丽，内心聪明。

业精于勤荒于嬉，行成于思毁于随。

大意：学业由于勤奋而精通，但它却荒废在嬉笑声中；事情由于反复思考而成功，但它却能毁灭于因循苟且。

云横秦岭家何在，雪拥蓝关马不前。

大意：云彩横出于秦岭，我的家在哪里？雪漫蓝田关，连我骑的马都不往前走。

唐·贺兰进明

人生结交在始终，莫为升沉中路分。

大意：人生在世，结交朋友应该有始有终，不应该因为仕途上的高低成就或贫富分歧而中途破裂关系，不做朋友。

唐·胡令能

蓬头稚子学垂纶，侧坐莓苔草映身。路人借问遥招手，怕得鱼惊不应人。(《小儿垂钓》)

大意：一个头发蓬乱的小孩子正在学垂钓，侧身坐在青苔上，绿草映衬着他的身影。遇到有人问路他老远就招着小手，唯恐鱼儿被吓跑而不敢大声应答。

唐·慧能

菩提本无树，明镜亦非台。本来无一物，何处惹尘埃。

大意：菩提原本就没有树，明亮的镜子也并不是台。本来就是虚无没有一物，哪里会染上什么尘埃？

唐·贺知章

碧玉妆成一树高，万条垂下绿丝绦。不知细叶谁裁出，二月春风似剪刀。(《咏柳》)

大意：柳树像碧玉装扮成的美女一样，千万枝柳条像她那绿色的丝带。知道这细嫩的柳叶是谁剪裁的吗？就是那像剪刀的二月春风啊！

少小离家老大回，乡音无改鬓毛衰。儿童相见不相识，笑问客从何处来。(《回乡偶书》)

大意：青年时离乡老年才归还，口音未变却已鬓发疏落容颜衰老。村童看见我却不相识，笑着问我这客人从何处而来。

唐·黄巢

待到秋来九月八，我花开后百花杀。冲天香阵透长安，满城尽带黄金甲。(《不第后赋菊》)

大意：等到秋高气爽的重阳佳节，我菊花盛开而其他众多的花纷纷凋谢。菊花散发出的阵阵香气直冲云天，渗透整个长安城，整城遍地都是金黄如铠甲般的菊花。

飒飒秋风满院栽，蕊寒香冷蝶难来。他年我若为青帝，报与桃花一处开。(《题菊花》)

大意：飒飒西风中园中栽满菊花，花蕊寒香味冷蝴蝶也不敢来。将来我要是当了分管春天的天神青帝，就要叫菊花也在春天开放，好与桃花争奇斗艳。

唐·贾岛

掘井须到流，结交须到头。

大意：挖井必须到有水流出的时候，结交朋友必须到永远。

君子忌苟合，择交如求师。

大意：有德的人忌讳随便交友，选择朋友如同拜师一样严肃认真。

两句三年得，一吟双泪流。

大意：两个诗句是构思了三年才得来的，一吟诵起来就双泪长流。

鸟宿池边树，僧敲月下门。

大意：鸟栖息在池塘边的树枝上，晚归的僧人在月光下轻轻敲着寺院的门。

十年磨一剑，霜刃未曾试。今日把示君，谁有不平事？（《剑客》）

大意：花了十年的功夫磨出一把宝剑，剑刃锋利无比，但却未曾试过它的锋芒。今天拿给你来看看，告诉我，谁有冤屈不平的事？

松下问童子，言师采药去。只在此山中，云深不知处。（《寻隐者不遇》）

大意：苍松下，我询问了年少的学童。他说师傅已经去了山中采药。他还对我说，师傅就在这座大山里，可是林深云密，不知他的行踪。

唐·李百药

宁为玉碎，不为瓦全。

大意：宁做玉器被打碎，不做瓦器而保全。比喻宁愿为正义事业牺牲，不愿丧失气节，苟且偷生。

唐·李贺

大漠沙如雪，燕山月似钩。何当金络脑，快走踏清秋。(《马诗》)

大意：大漠的尘沙像白雪，燕山的明月如弯钩。什么时候才能给我的马儿戴上华贵的马笼头，在秋高气爽的日子里飞快地奔驰呢?

黑云压城城欲摧，甲光向日金鳞开。

大意：乌云层层笼罩，像要把城头压垮似的，战士们的铠甲在日光照射下金光闪烁。现在人们常借“黑云压城城欲摧”来比喻事态严重，借“甲光向日金鳞开”来比喻严重的事态之中又蕴含着一些生机。

男儿何不带吴钩，收取关山五十州。

大意：男子汉大丈夫，为什么不腰带吴钩，去收取那被藩镇割据的关塞河山五十州?

人生所贵在知己，四海相逢骨肉亲。

大意：人一生中最重要的是知己和朋友，不管在哪里遇到了都像亲兄弟一样。

石脉水流泉滴沙，鬼灯如漆点松花。

大意：从石缝里流出来的泉水滴落在沙地上，磷火像漆那样黝黑发亮，在松树的枝丫间游动，仿佛松花一般。

天若有情天亦老。

大意：老天如果有感情的话，也会老去。常用以形容强烈的伤感情绪。

我有迷魂招不得，雄鸡一声天下白。少年心事当拿云，谁念幽寒坐呜呃。

大意：我有迷失的魂魄，无法招回，雄鸡一叫，天下大亮。少年人应当有凌云壮志，谁会怜惜你困顿独处，唉声叹气呢？

唐·李峤

解落三秋叶，能开二月花。过江千尺浪，入竹万竿斜。（《风》）

大意：风能使晚秋的树叶脱落，能催开早春二月的鲜花，经过江河时能掀起千尺巨浪，刮进竹林时可把万棵翠竹吹得歪歪斜斜。

他乡有明月，千里照相思。

大意：远在千里之外的异地，抬眼望着天上的明月，心里充满了相思之情。

唐·李隆基

益重青青志，风霜恒不渝。

大意：更加珍重你那忠贞不渝的情意，这种情意像松柏一样经严寒而保持不变。

唐·李商隐

嫦娥应悔偷灵药，碧海青天夜夜心。

大意：嫦娥应该后悔当初偷吃了灵药，如今眼望着碧海青天，夜夜心情孤寂。

春心莫共花争发，一寸相思一寸灰。

大意：相思的心情切莫同春花去争相开放，要知道一寸寸相思都会化成灰烬。

此情可待成追忆，只是当时已惘然。

大意：悲欢离合之情，期待今日来追忆，只是当年却漫不经心，早已惘然。

君问归期未有期，巴山夜雨涨秋池。何当共剪西窗烛，却话巴山夜雨时。(《夜雨寄北》)

大意：你问我回家的日子，我尚未定归期。今晚巴山下着大雨，雨水涨满秋池。何时你我重新聚首，共剪西窗烛花彻夜长谈，再告诉你今夜秋雨的情景。

可怜夜半虚前席，不问苍生问鬼神。

大意：谈至深夜，汉文帝挪动双膝靠近他，可惜他不垂询民生却问鬼神之事。

历览前贤国与家，成由勤俭破由奢。

大意：看遍了历史上无数的有识之士、国家、家庭，他们的成功都是因为勤奋、节俭，而他们的破败没落都是因为奢侈腐败。

人生何处不离群？世路干戈惜暂分。

大意：人生在世，哪里没有离别呢？只是在这时局动荡、战乱不止的年代，即便是短暂的分离也使人格外痛惜。（因为吉凶难料，前程未卜，或许这一次分别就意味着永远的分离。）

身无彩凤双飞翼，心有灵犀一点通。

大意：身上没有彩凤那双可以飞翔的翅膀，心灵却像犀牛角一样，有一点白线就可以相通。

天意怜幽草，人间重晚晴。

大意：老天爷同情那幽僻处的小草，人世间也珍惜傍晚时的晴天。

桐花万里关山路，雏凤清于老凤声。

大意：关山路上桐花万里，花丛中传来一阵阵雏凤的鸣声，这声音比老凤的鸣声来得更清圆。

相见时难别亦难，东风无力百花残。春蚕到死丝方尽，蜡炬成灰泪始干。

大意：见面的机会真是难得，分别时也难舍难分，况且又兼东风将收的暮春天气，百花残谢，更加使人伤感。春蚕结茧到死时丝才吐完，蜡烛要燃完成灰时，像泪一样的蜡油才能滴干。

向晚意不适，驱车登古原。夕阳无限好，只是近黄昏。

大意：临近傍晚时分，觉得心情不太舒畅，于是驾车登上乐游原。西下的太阳无限美好，只是再美好，也已接近黄昏时刻。

永忆江湖归白发，欲回天地入扁舟。

大意：自己老想着的是：干了一番扭转乾坤的大事业后，乘一叶扁舟，带着满头白发，归隐江湖。

唐·李绅

锄禾日当午，汗滴禾下土。谁知盘中餐，粒粒皆辛苦！（《悯农二首》之一）

大意：炎炎烈日的中午在田里给禾苗锄草，汗都滴在了禾苗下的土里。有谁知道碗里的饭，一粒粒都是辛苦所得啊？

春种一粒粟，秋收万颗子。四海无闲田，农夫犹饿死。（《悯农二首》之二）

大意：春天种下一粒谷种，秋天收获成千上万的谷子。全国各地都没有空闲荒芜的田地，可是仍然有农民饿死。

唐·李世民

疾风知劲草，板荡识诚臣。

大意：在狂风中才能看出草的坚韧，在乱世里方能显出忠臣的赤诚之心。

慨然抚长剑，济世岂邀名？

大意：手抚长剑，心中有无限感慨。战士们浴血奋战，报效国家，哪里是为了争名夺利？

千日醉不醒，十年味不败。

大意：喝了酒后，醉得沉沉的，很久都醒不来；酒质优良，能久藏而不变质。

心随朗月高，志与秋霜洁。

大意：心志同朗月、秋霜一样高洁。常用来赞美那种心地纯洁、志趣高尚、目标远大的人，也可用来表达自己的情操和抱负。

以铜为镜，可以正衣冠；以古为镜，可以知兴替；以人为镜，可以明得失。

大意：用铜来做镜子，可以整理衣冠；用历史来做镜子，可以知道朝代的兴衰；用人来做镜子，可以知道自己的得失、对错。

用人如器，各取所长。

大意：用一个人就如同使用一件器物一样，要根据这个人的长处来加以利用。

唐·李延寿

单则易折，众则难摧。

大意：势孤力单，容易受人欺负。人多气壮，别人不敢欺侮。

唐·李益

嫁女莫望高，女心愿所宜。

大意：嫁女不要攀高门第，只要女儿心里愿意就适宜。

君看白日驰，何异弦上箭？

大意：你看那太阳飞驰而过，与离弦的箭有什么区别呢？

开门复动竹，疑是故人来。

大意：风推开了门，又吹动了竹子，使竹子发出声响，我以为是老朋友来了。

水纹珍簟思悠悠，千里佳期一夕休。从此无心爱良夜，任他明月下西楼。（《写情》）

大意：躺在花纹精细、珍贵华美的竹席上，思绪万千，原来期待已久的一次佳期约会告吹了。自此以后，再也没心思去欣赏这么一个风清月朗的夜晚，就让明月独自静静地落下去吧。

问姓惊初见，称名忆旧容。

大意：初次见面时，我们彼此询问姓氏，好像是未曾谋面的朋友。当知道面前站的人就是分离十年的你时，我激动地喊着你的名字，回忆着你年少时的面容。

南唐·李煜

春花秋月何时了？往事知多少！小楼昨夜又东风，故国不堪回

首月明中。 雕栏玉砌应犹在，只是朱颜改。问君能有几多愁？恰似一江春水向东流。（《虞美人》）

大意：春花开落秋月圆缺到什么时候才了结？往事知道有多少！小楼上昨夜又刮来了东风，在月明中对已亡的本国不忍回首去想念。 精雕细刻的栏杆、玉石砌成的台阶应该还在，只是青春的容颜却已改变。问我能有多少愁？我的愁苦正像一江春水滚滚东流。

帘外雨潺潺，春意阑珊。罗衾不耐五更寒。梦里不知身是客，一晌贪欢。 独自莫凭栏，无限江山。别时容易见时难。流水落花春去也，天上人间。（《浪淘沙》）

大意：帘外的细雨淅淅沥沥地下个不停，春天就要过去了。丝绸薄被，抵挡不住五更时的寒意。只有在梦中，才能忘了自己的俘虏处境，那片刻的欢乐真叫人贪恋。 独自一人，不要登楼凭栏远望那南唐原有的无限江山。离别容易，想要再见到却是多么艰难。落花随着流水漂去，春天走了。过去和现在，梦中和现实，犹如天上人间一样相隔太远，再也无法追回。

无言独上西楼，月如钩，寂寞梧桐深院锁清秋。 剪不断，理还乱，是离愁，别是一般滋味在心头。（《相见欢》）

大意：默默无言，孤孤单单，独自一人缓缓登上空空的西楼，抬头望天，只有一弯如钩的冷月相伴。低头望去，只见梧桐树寂寞地孤立院中，幽深的庭院被笼罩在清冷凄凉的秋色之中。 那剪也剪不断，理也理不清，让人心乱如麻的，正是离别之苦。那悠悠愁思缠绕在心头，却又是另一种无可名状的痛苦。

唐·林杰

七夕今宵看碧霄，牵牛织女渡河桥。家家乞巧望秋月，穿尽红丝几万条。（《乞行》）

大意：农历七月初七的七夕节，仰望天空，似乎有牛郎和织女在喜鹊桥相会。家家户户在秋月下乞巧，不知道穿尽了几千条红丝线啊。

唐·刘采春

黄河清有日，白发黑无缘。

大意：黄河的水总会有变清的一天，但人的头发变白了，就再也不能变黑了。

唐·刘方平

更深月色半人家，北斗阑干南斗斜。今夜偏知春气暖，虫声新透绿窗纱。（《月夜》）

大意：夜半更深明月西挂照亮半边人家，北斗七星横卧，南斗六星也已倾斜。今晚，我忽然感受到春天的温暖气息，还听到春虫的叫声穿透绿色的窗纱。

唐·刘希夷

今年花落颜色改，明年花开复谁在。

大意：今年的花落了，花的颜色也枯黄凋谢了，到了明年鲜花再次开放的时候还会有谁在呢？指岁月流逝，时光催人老。

年年岁岁花相似，岁岁年年人不同。

大意：每年，花儿都一样的盛放，而人却因老去和离合等原因年年不同。

丈夫清万里，谁能扫一室？

大意：大丈夫志在清除万里疆域的污垢尘泥，谁能满足于洒扫自己的庭院呢？

唐·刘禹锡

长恨人心不如水，等闲平地起波澜。

大意：长期以来，一直愤恨人心不像水那么平静，竟然在等闲平地也会掀起波澜。比喻有些人人心凶险，无端生非，陷害他人。

沉舟侧畔千帆过，病树前头万木春。

大意：沉船旁边有很多船经过，发病的树木旁边有很多茂盛的树木。比喻新生势力锐不可当。

芳林新叶催陈叶，流水前波让后波。

大意：春天树木的新叶催换旧叶，奔腾的流水前波让位给后波。现在常引用这两句诗比喻新旧事物交替的必然性，说明“新陈代谢”是自然界的规律，启示人们支持新生事物。

湖光秋月两相和，潭面无风镜未磨。遥望洞庭山水色，白银盘里一青螺。（《望洞庭》）

大意：洞庭湖的水光与秋月交相融和，水面波平浪静就好像未磨的铜镜。远远望去洞庭湖山水一片翠绿，恰似白银盘子托着青青的田螺。

九曲黄河万里沙，浪淘风簸自天涯。如今直上银河去，同到牵牛织女家。（《浪淘沙》）

大意：万里黄河弯弯曲曲挟带着泥沙，来自天涯的大风吹得滚滚波涛簸荡不已。现在可以沿着黄河直上银河去，我们一起去寻访牛郎织女的家。

美人首饰侯王印，尽是沙中浪底来。

大意：美人的金首饰和王侯的金印，所用黄金都是从浪底沙中淘洗出来的。

莫道桑榆晚，为霞尚满天。

大意：不要说日落之时天色已晚，因为满天的红霞依然很瑰丽。比喻老当益壮，老有所为，积极进取。

片言可以明百意，坐驰可以役万里。

大意：几句话就可以解释一切事物，坐案运笔驰写就可以尽情想象一切景色。

千淘万漉虽辛苦，吹尽狂沙始到金。

大意：淘金要千遍万遍地过滤，虽然辛苦，但只有淘尽了泥沙，才会露出闪亮的黄金。

请君莫奏前朝曲，听唱新翻《杨柳枝》。

大意：请你不要再弹奏前朝的旧曲了，听我唱已经翻新的《杨柳枝》吧。

人世几回伤往事，山形依旧枕寒流。

大意：人间有几回兴亡的伤心往事，高山依旧枕着寒流没有变化。

山不在高，有仙则名；水不在深，有龙则灵。

大意：山不在于高，有仙人居住就有名；水不一定要深，有龙居住就有灵气了。

谈笑有鸿儒，往来无白丁。

大意：与我谈笑的都是博学的人，往来的没有平民百姓。

天地英雄气，千秋尚凛然。

大意：英雄气概真可谓顶天立地，经历千秋万代威风凛凛至今依然。

唯有牡丹真国色，花开时节动京城。

大意：只有牡丹才是真正的大姿国色，到了开花的季节引得无数的人来欣赏，惊动了整个京城。

杨柳青青江水平，闻郎岸上踏歌声。东边日出西边雨，道是无晴却有晴。(《竹枝词》)

大意：江边的杨柳青青，垂着绿色枝条，水面平静，忽然听到江面上情郎唱歌的声音。东边出着太阳，西边还下着雨，说是没有晴天吧，却还有晴的地方。

朱雀桥边野草花，乌衣巷口夕阳斜。旧时王谢堂前燕，飞入寻常百姓家。(《乌衣巷》)

大意：朱雀桥边长满野草野花冷落荒凉，夕阳西斜照着乌衣巷口的断壁残垣。晋代时王导、谢安两家的堂前紫燕，而今却飞入寻常老百姓之家筑巢。

唐·柳宗元

功者自功，祸者自祸。

大意：有功的人是自己建立的，有灾的人是自己招来的。

岭树重遮千里目，江流曲似九回肠。

大意：山上的树重重遮住了远望的视线，江流曲折就像九转的回肠。

千山鸟飞绝，万径人踪灭。孤舟蓑笠翁，独钓寒江雪。(《江雪》)

大意：千山万岭不见飞鸟的踪影，千路万径不见行人的足迹。一叶孤舟上，一位身披蓑衣头戴斗笠的渔翁，默默地在漫天风雪中垂钓。

若为化得身千亿，散上峰头望故乡。

大意：倘若能把自己化身为千万个自己的话，就可以站在千万座山顶上远眺自己的故乡了。

唐·卢仝

相思一夜梅花发，忽到窗前疑是君。

大意：想我的郎想了一个晚上，窗外的梅花都开了。梅花伸了一根枝子到我窗前，吓了我一跳，我还以为是你来了呢。

唐·卢纶

家在梦中何日到，春生江上几人还？

大意：家乡只在我的梦里，什么时候才能回去呢？你看那春天的江面上来来往往的人，有几个是回去的呢？

唐·卢延让

吟安一个字，捻断数茎须。

大意：为了一个恰当的字，不知不觉捻断了好几根胡子。

唐·陆龟蒙

丈夫非无泪，不洒离别间。

大意：大丈夫并非冷酷无泪，只是不洒在离别之时。

唐·吕洞宾（吕岩）

草铺横野六七里，笛弄晚风三四声。归来饱饭黄昏后，不脱蓑衣卧月明。（《牧童》）

大意：青草像被谁铺开在地上一样，方圆六七里都是草地，晚风中隐约传来三四声牧童悠扬的笛声。牧童放牧归来，在吃完晚饭后的黄昏时分，他连蓑衣都没脱，就愉快地躺在草地上欣赏天空中的明月。

茫茫宇宙人无数，几个男儿是丈夫？

大意：茫茫宇宙，浩瀚无边，在众多的人群里，有几个男儿算得上是真正的大丈夫呢？

唐·罗隐

不论平地与山尖，无限风光尽被占。采得百花成蜜后，为谁辛苦为谁甜？（《蜂》）

大意：无论是平地还是山尖，凡是鲜花盛开的地方，都被蜜蜂占领。它们采尽百花酿成蜜后，到头来又是在为谁忙碌？为谁酿造醇香的蜂蜜呢？

国计已推肝胆许，家财不为子孙谋。

大意：为官者要献身国事，不要去为子孙谋家财。

今朝有酒今朝醉，明日愁来明日愁。

大意：今天有酒则今天痛饮，明天的烦恼等到了明天再说。形容人只顾眼前享乐，没有长远打算。另也形容人的乐观精神。

若教解语应倾国，任是无情亦动人。

大意：倘若能善解人意自然应当倾国倾城，就算没有情感也动人心弦。

时来天地皆同力，运去英雄不自由。

大意：时机来到，天地都会为你出力；时运不济，英雄也身不由己。

唐·骆宾王

此地别燕丹，壮士发冲冠。昔时人已没，今日水犹寒。（《易水送别》）

大意：在易水河边，英雄荆轲告别了太子丹，他怒发冲冠，踏上了刺杀暴君的征途，发誓一去不回。虽然这位古代的英雄已经长眠地下，但他的英名，他的高风亮节和易水一样与世长存。

鹅、鹅、鹅，曲项向天歌。白毛浮绿水，红掌拨清波。（《咏鹅》）

大意：鹅，鹅，鹅，弯弯的脖子对天唱着歌。一身白毛浮在绿水上，一对红掌拨起清水波。

类君子之有道，入暗室而不欺。

大意：有道德的人，即令在没有被看到之处，也不做欺心的事。

唐·马戴

落叶他乡树，寒灯独夜人。

大意：他乡的树已经落叶了，寒夜的孤灯独照我一人。

唐·孟浩然

不才明主弃，多病故人疏。

大意：由于自己没有真才实学，因此，圣明的君主就不重用我；因为自己体弱多病，旧时的好友也逐渐疏远我了。

春眠不觉晓，处处闻啼鸟。夜来风雨声，花落知多少。（《春晓》）

大意：春天的早上，我睡得特别香甜，不知不觉已经天亮了，我听见了处处的鸟鸣。昨夜风雨的声音还在耳边回响，不知道花儿被风雨吹落、打落了多少！

故人具鸡黍，邀我至田家。绿树村边合，青山郭外斜。开轩面场圃，把酒话桑麻。待到重阳日，还来就菊花。（《过故人

庄》)

大意：老友准备了鸡肴黍米饭，请我到田园农家闲谈。绿树把村子轻轻地环抱，青山在城外远远地倾斜。开窗面对着晒场和菜园，对酒谈论蚕桑和棉麻。待到九月重阳日那一天，还要到此来共同赏菊花。

气蒸云梦泽，波撼岳阳城。

大意：云梦二泽水汽蒸腾白茫茫，波涛汹涌似乎把岳阳城撼动。

人事有代谢，往来成古今。

大意：人间世事不停地交替变换，一代接一代永远今来古往。指人和事，也是新陈代谢，新生旧灭，不断更替。

野旷天低树，江清月近人。

大意：原野空旷，远处的天空好像比近处的树还低；江水清澈，映照得月亮仿佛与人更亲近。

唐·孟郊

春风得意马蹄疾，一日看尽长安花。

大意：愉快地骑着马儿奔驰在春风里，一天的时间就把长安城的美景全看完了。

慈母手中线，游子身上衣。临行密密缝，意恐迟迟归。谁言寸草心，报得三春晖？(《游子吟》)

大意：慈祥的母亲手里把着针线，为将远游的孩子赶制新衣。临行她忙着缝得严严实实，是担心孩子此去难得回归。谁能说像小草的那点孝心，可报答春晖般的慈母恩惠？

山中人自正，路险心亦平。

大意：山中的隐士，自身纯正，虽然山中路途艰险，但他们心中一片坦然。

唐·皮日休

近贤者聪，近愚者聩。

大意：接近贤德之人，就会明智；接近愚昧之人，就会不明事理。

玉颗珊珊下月轮，殿前拾得露华新。至今不会天中事，应是嫦娥掷与人。(《天竺寺八月十五日夜桂子》)

大意：桂花从天而降，好像是从月亮上掉下来似的，拾起殿前的桂花，只见其颜色洁白、新鲜。我到现在也不明白吴刚为什么要跟桂花树过不去，这桂花大概是嫦娥撒下来的吧！

唐·邵谒

竹死不变节，花落有余香。

大意：竹子虽死但仍不改变骨节，花儿虽凋落仍保留芳香。比喻忠义之士坚守节操，至死不渝。

唐·神秀

身是菩提树，心如明镜台。时时勤拂拭，莫使惹尘埃。

大意：众生的身体就是一棵觉悟的智慧树，众生的心灵就像一座明亮的台镜，要时时不断地将它掸拂擦拭，不让它被尘垢污染障蔽了光明的本性。

唐·宋三词

近乡情更怯，不敢问来人。

大意：离家越近，心里就越害怕和惶恐，以致遇到认识的人，也不敢问他们。

唐·苏味道

火树银花合，星桥铁锁开。暗尘随马去，明月逐人来。

大意：灯火璀璨，今天晚上不宵禁，铁锁开启，任人通行。马儿飞驰而去，扬起尘土，明月好像是在跟随着行人。

唐·王勃

东隅已逝，桑榆非晚。

大意：早年的时光消逝，如果珍惜时光，发愤图强，晚年并不晚。

关山难越，谁悲失路之人；萍水相逢，尽是他乡之客。

大意：雄关高山难以越过，谁会悲悯那迷路的人呢？路上遇到的人，如浮萍在水上相聚，都是些外乡的旅客。

海内存知己，天涯若比邻。

大意：四海之内有知己朋友，即使远在天边，也感觉像邻居一样近。

老当益壮，宁移白首之心；穷且益坚，不坠青云之志。

大意：年纪老迈而情怀更加豪壮，岂能因白发而改变人的心愿？境遇艰难而意志越发坚定，绝不会坠掉直凌青云的志向。

落霞与孤鹜齐飞，秋水共长天一色。

大意：落霞与孤雁一起飞翔，秋水和长天连成一片。

物华天宝，人杰地灵。（原文为："物华天宝，龙光射牛斗之墟；人杰地灵，徐孺下陈蕃之榻。"）

大意："物华天宝"指各种珍美的宝物，"人杰地灵"指有杰出的人降生或到过，其地也就成了名胜之区。常用来夸赞某个地方是一个风水宝地。

渔舟唱晚，响穷彭蠡之滨；雁阵惊寒，声断衡阳之浦。

大意：傍晚渔舟中传出的歌声，响彻彭蠡湖滨；雁群感到寒意而发出的惊叫，回荡在衡阳的水边。

唐·王昌龄

荷叶罗裙一色裁，芙蓉向脸两边开。乱入池中看不见，闻歌始觉有人来。（《采莲曲》）

大意：采莲少女的绿罗裙融入田田荷叶中，仿佛一色，分不清楚，少女的脸庞掩映在盛开的荷花间，相互映照，人花难辨。混入莲池中不见了踪影，听到歌声四起才觉察到有人的存在。

黄沙百战穿金甲，不破楼兰终不还。

大意：在大沙漠上身经百战，穿破了铁铠甲，但如果不攻破楼兰，我们绝不回家。

洛阳亲友如相问，一片冰心在玉壶。

大意：如果洛阳的亲友询问我的情况，请你一定转告他们，我的一颗心如晶莹剔透的冰，贮藏在玉壶中一般。现在人们常用“一片冰心在玉壶”表示志趣高洁。

秦时明月汉时关，万里长征人未还。但使龙城飞将在，不教胡马度阴山。（《出塞》）

大意：秦汉以来，明月还是那样照着关塞，离家出征到万里之外的人至今还没有回还。只要有李广飞将军镇守龙城，就不让胡人的骑兵越过阴山南下侵略。

与君远相知，不道云海深。

大意：虽然和你相隔万里，但彼此心意相通。

唐・王翰

葡萄美酒夜光杯，欲饮琵琶马上催。醉卧沙场君莫笑，古来征战几人回。（《凉州词》）

大意：新酿成的葡萄美酒，盛满夜光杯，正想开怀畅饮，马上琵琶声频催。即使醉倒沙场，请诸君不要见笑，自古男儿出征，有几人活着归来？

唐・王驾

鹅湖山下稻粱肥，豚栅鸡栖半掩扉。

大意：鹅湖山下，庄稼长势喜人，猪圈、鸡笼等的门也没关。说明在社日那天，猪、鸡等家畜、家禽都被杀来吃了。

唐・王建

雨里鸡鸣一两家，竹溪村路板桥斜。

大意：在雨中的小山村里，听到一两家传来鸡鸣声，长着竹子的村边小溪上横跨着一座石桥。

唐・王湾

潮平两岸阔，风正一帆悬。

大意：潮水涨满时，两岸之间水面宽阔。顺风行船，恰好把帆儿高悬。

唐・王维

大漠孤烟直，长河落日圆。

大意：浩瀚沙漠中一缕烽烟直上云霄，长长的黄河岸边一轮落日又大又圆。

独在异乡为异客，每逢佳节倍思亲。遥知兄弟登高处，遍插茱萸少一人。（《九月九日忆山东兄弟》）

大意：我独自一个人在他乡做陌生的客人，常常想念家乡，而每逢欢庆佳节时，就更加思念家中的亲人。我在遥远的异乡想象着，今天兄弟们登高的时候，大家插戴茱萸，就少了我一个人。

红豆生南国，春来发几枝。愿君多采撷，此物最相思。（《相思》）

大意：红豆生长在南方，春天来的时候它会发芽生长。希望你多采一些，因为它是思念的象征。

江流天地外，山色有无中。

大意：江水波澜起伏，好像流到天地外去了。眺望远山，山色苍茫，若有若无。

空山不见人，但闻人语响。返景入深林，复照青苔上。（《鹿柴》）

大意：空寂的山谷中看不见人影，却能听到人讲话的声音。落日的余晖反射入幽暗的森林，斑斑驳驳的树影映在青苔上。

空山新雨后，天气晚来秋。明月松间照，清泉石上流。（《山居秋暝》）

大意：一场新雨过后，青山特别清朗，秋天的傍晚，天气格外凉爽。明月透过松林洒落斑驳的静影，清泉轻轻地在大石上叮咚流淌。

满园深浅色，照在绿波中。

大意：满园里颜色深浅不同的杏花照在一江碧滢滢的春水之中。

漠漠水田飞白鹭，阴阴夏木啭黄鹂。

大意：水田广漠，一行白鹭掠空而飞；夏日浓阴，传来黄鹂婉转啼声。

人闲桂花落，夜静春山空。月出惊山鸟，时鸣春涧中。(《鸟鸣涧》)

大意：春天寂静无声，桂花不知不觉地凋落。寂静使春夜里的山更让人觉得空荡荡。月亮出来了，小鸟竟然被月光惊动，时时发出的鸣叫在山涧中回响。

山中相送罢，日暮掩柴扉。春草明年绿，王孙归不归？(《山中送别》)

大意：在山中送走了我的友人以后，夕阳西坠我关闭柴门。待到明年春草绿的时候，友人呀你还能不能回来呢？

万壑树参天，千山响杜鹃。

大意：千山万壑之中，都是参天的大树，到处响起了杜鹃的啼鸣。

渭城朝雨浥轻尘，客舍青青柳色新。劝君更尽一杯酒，西出阳关无故人。(《送元二使安西》)

大意：渭城早晨一场春雨沾湿了轻尘，客舍周围青青的柳树格外清新。请你再干一杯饯别酒吧，出了阳关西路就再也见不到老朋友了。

行到水穷处，坐看云起时。

大意：随意行走到溪流尽头，率性坐下看白云升起。人们常用来自勉或勉励他人，遇到逆境绝境时，把得失放下，也许会有新的局面产生。

唐·王贞白

一寸光阴一寸金。

大意：一寸光阴就像一寸金子那样宝贵。比喻时间十分宝贵。

唐·王之涣

白日依山尽，黄河入海流。欲穷千里目，更上一层楼。（《登鹳雀楼》）

大意：夕阳依傍着西山慢慢地沉没，黄河朝着东海汹涌奔流。若想把千里的风光景物看够，那就要登上更高的一层城楼。

黄河远上白云间，一片孤城万仞山。羌笛何须怨杨柳，春风不度玉门关。（《凉州词》）

大意：远望黄河，水天相接，在万仞高山的脚下，一座孤单的城池坐落在那里。何必用羌笛吹奏《折杨柳》这首哀怨的思念家乡的曲子？就算是春风也吹不到玉门关外的。

唐·韦应物

春潮带雨晚来急，野渡无人舟自横。

大意：傍晚下雨，潮水涨得更急，郊野的渡口没有行人，一只渡船横泊河里。

浮云一别后，流水十年间。

大意：像浮云一样分别后，时光如流水，一别就是十年。

去年花里逢君别，今日花开已一年。

大意：去年花开时节，适逢与君分别；今日春花又开，不觉已经一年。

唐·翁承赞

人家不必论贫富，惟有读书声最佳。

大意：人家贫富是无所谓的，只要有读书声就是好人家。

唐·吴兢

林深则鸟栖，水广则鱼游。

大意：树林幽深就会有鸟来停留，水面宽阔就会有鱼来游荡。

唐·吴象之

一掷千金浑是胆，家无四壁不知贫。

大意：有些人骄奢豪赌，一次下注千金，浑身是胆，即使输得家中一贫如洗也无所谓。

唐·武则天

资栋梁而成大厦，凭舟楫而济巨川。

大意：利用栋梁可以建成大厦，利用舟楫可以渡过大河。

唐·许浑

山雨欲来风满楼。

大意：周围的群山，雨意越来越浓，大雨即将到来，城楼上，已是满楼的狂风。比喻局势将有重大变化前夕的迹象和气氛。

英雄一去豪华尽，惟有青山似洛中。

大意：英雄一去，豪华便尽，不复再留，只有青山依然与洛中相似。

唐·颜真卿

三更灯火五更鸡，正是男儿读书时。黑发不知勤学早，白首方悔读书迟。(《劝学》)

大意：每天学习到深更半夜才睡，清晨鸡刚叫又起来学习，年少时是男儿读书的最好时间。少年时光知道玩，不知道好好学习，到老的时候才后悔，后悔自己年少时为什么不知道要勤奋学习。

唐·杨炯

朗如日月，清如水镜。

大意：比喻人生应当像日月一样光明，像水镜一样洁净。

宁为百夫长，胜作一书生。

大意：宁愿做一名下级军官，为保卫边疆驰骋沙场，也不愿做一个置身书斋皓首穷经的书生。

陶陶然乐在其中。

大意：舒畅快乐，乐在其中。

丈夫皆有志，会见立功勋。

大意：大丈夫都有远大的志向，必将看到功勋的建立。

唐·虞世南

结交一言重，相期千里至。

大意：结交朋友，一句话也很要紧，相约后，即使远在千里也会如期而至。

居高声自远，非是藉秋风。

大意：位于高处声音自然就传得远了，不是因为借助了秋风之力。

唐·元结

人意苟不同，分寸不相容。

大意：人的意见如果不一致，就会一点儿也不能互相容忍。

唐·元稹

不是花中偏爱菊，此花开尽更无花。

大意：不是在花中偏爱菊花，而是菊花凋零以后，就无花可赏了。

曾经沧海难为水，除却巫山不是云。

大意：经历过无比深广的大海的人，别处的水再难以吸引他；看了云蒸霞蔚的巫山之云，别处的云都黯然失色。

唐·张祜

峡深明月夜，江静碧云天。

大意：山谷很深，但有明月相陪；江水很静，但有白云碧天相伴。形容景色优美，山水秀丽。

唐·张籍

洛阳城里见秋风，欲作家书意万重。复恐匆匆说不尽，行人临发又开封。《秋思》

大意：洛阳城里已经刮起了秋风，我想写一封家书，将万重心意与亲人沟通。唯恐时间急迫，匆忙中没能表达说不尽的心事，待捎信的人要走的时候，我又拆开了封好的信封。

唯爱门前双柳树，枝枝叶叶不相离。

大意：唯独喜爱门前的双柳树，它们的枝枝叶叶永不相离。

唐·张继

月落乌啼霜满天，江枫渔火对愁眠。姑苏城外寒山寺，夜半钟声到客船。（《枫桥夜泊》）

大意：月亮已经落下，乌鸦不停啼叫，秋霜满天，江边的枫树映衬着船上渔火点点，只剩我独自对愁而眠。姑苏城外那寂寞清静的寒山古寺，半夜里敲响的钟声悠扬传到了我乘坐的客船里。

终年帝城里，不识五侯门。

大意：虽然常年在京城，但不知道权贵们究竟住在哪里。

唐·张九龄

草木有本心，何求美人折？

大意：一草一木有自己的本性，它们哪里需要美人来折取而求得她们的欣赏呢？比喻贤人君子洁身自好，进德修业，也只是尽他作为一个人的本分，而并非借此来博得外界的称誉提拔，以求富贵利达。

海上生明月，天涯共此时。

大意：大海上升起一轮明月，远在天涯海角的亲人、友人，此时此刻也和我共享着同一轮明月。

记人之长，忘人之短。

大意：记住别人的长处，忘掉别人的短处。

思君如满月，夜夜减清辉。

大意：对你的思念使我容颜瘦损，就像十五以后的月亮，夜夜都减去光辉。

相知无远近，万里尚为邻。

大意：彼此相互了解的人是不分远近的，即使相隔万里也可以像邻居一样。

悠悠天宇旷，切切故乡情。

大意：在空旷的天宇之下，我思乡的心情更加迫切了。

唐·张若虚

春江潮水连海平，海上明月共潮生。

大意：春天的江潮水势浩荡，与大海连成一片，一轮明月从海上升起，好像与潮水一起涌出来。

唐·张说

绿水逶迤去，青山相向开。

大意：碧绿的河水弯弯曲曲向远方流去，流过两岸的青山。

唐·张谓

不知近水花先发，疑是经冬雪未销。

大意：不知道是靠近水的地方先开了花，还以为是经过了一个冬天，积雪尚未融化呢。

青山看景知高下，流水闻声觉浅深。

大意：山好不好，看看青山的风景就能知道；水深不深，听听流水的声音就能感觉到。

唐·张志和

西塞山前白鹭飞，桃花流水鳜鱼肥。

大意：西塞山前，白鹭在自由自在地飞翔；桃花盛开，江水潺潺，肥大的鳜鱼在水里游着。

唐·张仲素

相思一夜情多少？地角天涯未是长。

大意：相思一个晚上的情意，到底有多少？比到天涯到地角还要长。比喻相思之深。

唐·张众甫

自当舟楫路，应济往来人。

大意：自愿甘当船和道路，以便来来往往的行人通过。

唐·郑谷

情多最恨花无语，愁破方知酒有权。

大意：在自己情意绵绵的时候，最怕自己的感情无处寄托，得不到回答。得不到花对他感情的回应，所以自然生出几多愁滋味来，才明白原来酒精是最有权利消除这种寂寞古愁的。

唐·祖咏

高飞凭力致，巧啭任天姿。

大意：往高空飞行，要凭借自身的努力才能达到，而优美、婉转的叫声要靠天资才行。比喻事业的成功有赖于自身的主观努力和天资的结合。

第七章

宋朝时期的名言佳句

第一节　北宋时期的名言佳句

北宋·《百家姓》

赵钱孙李，周吴郑王。

大意：此为《百家姓》开篇所列出的我国八大姓氏。

北宋·程颢

读书要玩味。

大意：读书要反复揣摩、体会。

富贵不淫贫贱乐，男儿到此是豪雄。

大意：富贵时不腐化享乐，忘乎所以，贫贱时能够保持乐观之心，男子汉达到了这种境界，才算是真正的英雄好汉！

时人不识余心乐，将谓偷闲学少年。

大意：别人不知道我心里有多么快乐，还以为我学着少年的样子忙里偷闲出来游玩。

学者先要会疑。

大意：学习首先要会提出疑问。

闲来无事不从容，睡觉东窗日已红。

大意：日子闲散的时候，没有一件事情不自如从容，往往一觉醒来，东边的窗子早已被日头照得一片通红了。

北宋·范仲淹

不以物喜，不以己悲。

大意：不因为环境好而高兴，也不因为自己遭遇坏而悲伤。指无论面对失败还是成功，都要保持一种恒定淡然的心态。

家贫志不移，贪读如饥渴。

大意：家庭虽然贫困，但志向不改，酷爱读书，如饥似渴。

江上往来人，但爱鲈鱼美。君看一叶舟，出没风波里。（《江上渔者》）

大意：江岸上来来往往的行人，只喜欢鲈鱼味道的鲜美。请您看那一叶小小渔船，在滔滔风浪里时隐时现。

居庙堂之高，则忧其民；处江湖之远，则忧其君。

大意：在朝廷里做高官就担忧他的百姓；处在僻远的江湖间就担忧他的君王。

劲草不为风偃去，孤桐无意凤飞来。

大意：劲草不被风所吹倒，孤桐虽然无意，凤凰却自己飞来。比喻强劲的生命力具有相当的吸引力。

宁鸣而死，不默而生。

大意：宁可为抒发出自己的思想而死亡，也不为苟且偷生而一声不响。

先天下之忧而忧，后天下之乐而乐。

大意：在天下人的忧愁之前就忧愁，在天下人的快乐之后才快乐。

云山苍苍，江水泱泱。先生之风，山高水长。

大意：云山苍苍茫茫，江水又深又广，严光先生的高风亮节，像山一样高，像水一样长！

政通人和，百废俱兴。

大意：政事顺利，百姓和乐，许多已废弛不办的事情都兴办起来。

北宋·黄庭坚

读书欲精不欲博，用心欲专不欲杂。

大意：读书要精而不要太广，用心要专一而不要有私心杂念。

可惜不当湖水面，银山堆里看青山。

大意：真是可惜，我不能在湖风扑面、白浪掀天的波心浪峰上细细观赏那青翠的君山。

落木千山天远大，澄江一道月分明。

大意：群山上树叶飘落，天空则因秋高而显得远大。江水清澈，在傍晚月光的辉映之下，犹如一道白练。

世上岂无千里马，人中难得九方皋。

大意：世上怎么会没有千里马？只是难以在人群中找到像九方皋那样的伯乐而已。

未到江南先一笑，岳阳楼上对君山。

大意：还没有回到江南的家乡就欣然一笑，登上了岳阳楼，看那壮阔的洞庭湖和点缀湖中的美丽的君山。

嬉笑怒骂，皆成文章。

大意：不拘题材形式，任意发挥，皆成妙文。

北宋·寇准

只有天在上，更无山与齐。举头红日近，回首白云低。（《华山》）

大意：只有天在上面，再没有比此山更高的了。抬头就接近红日，低头看见白云都在下面。

北宋·李清照

才下眉头，却上心头。

大意：皱着的眉头方才舒展，而思绪又涌上心头。指时刻在相思着。

故乡何处是，忘了除非醉。

大意：哪里是故乡？这个可忘不了的，除非喝酒喝醉了。

花自飘零水自流，一种相思，两处闲愁。

大意：花，自在地飘零，水，自在地流淌，一种离别的相思，你与我，牵动起两处的闲愁。

莫道不销魂，帘卷西风，人比黄花瘦。

大意：别说不会消损神魂，当西风吹起珠帘，可以看到闺中少妇比黄花更加消瘦。

生当作人杰，死亦为鬼雄。至今思项羽，不肯过江东。（《夏日绝句》）

大意：活着应当做人中的豪杰，死了也应是鬼中的英雄。人们到现在还思念项羽，只因他不肯偷生回江东。

物是人非事事休，欲语泪先流。

大意：风物依旧，但人已经不同，一切事情都完了，想要诉说苦衷，眼泪早已先落下。

寻寻觅觅，冷冷清清，凄凄惨惨戚戚。

大意：我独处陋室若有所失地东寻西觅，眼前只有冷冷清清的环境，这种环境又引起内心的感伤，于是凄凉、惨痛、悲戚之情一齐涌来，令人痛彻肺腑，难以忍受了。

北宋・李之仪

我住长江头，君住长江尾。日日思君不见君，共饮一江水。此水几时休？此恨何时已？只愿君心似我心，定不负相思意。（《卜算子》）

大意：我住在长江上游，你住在长江下游。天天思念你而见不到你，却共饮着同一条江河水。这条江水何时停止，这份离恨何时停息？只愿你的心像我的心，我定不会辜负你的相思意。

北宋・林逋

少不勤苦，老必艰辛。

大意：年轻的时候不勤奋刻苦，到年老的时候一定会备受艰辛。

吴山青，越山青，两岸青山相送迎。

大意：青翠的吴山，清秀的越山，钱塘江两岸秀美的青山整天在为人们殷勤送迎。

知不足者好学，耻下问者自满。

大意：知道自己不足的人谦逊好学，以向别人请教为耻的人骄傲自满。

北宋・柳永

多情自古伤离别，更那堪冷落清秋节。

大意：自古以来，多情的人都是感伤离别的，更何况是在凄清冷落的秋天时节。

衣带渐宽终不悔，为伊消得人憔悴。

大意：为思念她而消瘦是值得的，尽管衣服显得宽大了，也始终不后悔。

北宋·吕本中

疑心生暗鬼。

大意：因为多疑而产生各种幻觉和错误判断。

北宋·欧阳修

百忧感其心，万事劳其形。

大意：有无穷无尽的忧愁来煎熬他的心，又有无数琐碎烦恼的事情来劳累他的身体。

残雪压枝犹有橘，冻雷惊笋欲抽芽。

大意：残雪压着枝条，树枝上尚留着经过冬天的橘子；冷雷惊起地下的竹笋，不久就要抽出嫩芽来。

君子与君子以同道为朋，小人与小人以同利为朋。

大意：君子与君子，因理想目标相同结成朋党；小人与小人，因暂时利益一致结成朋党。

泪眼问花花不语，乱红飞过秋千去。

大意：满含泪眼问问春花，春花却不会说话，只是很纷乱地飘飞过秋千去。

离愁渐远渐无穷，迢迢不断如春水。

大意：离家渐渐遥远，我的愁绪越来越浓，就像一路奔腾的春水一样连绵不断。

立身以立学为先，立学以读书为本。

大意：修养品行从学习开始，学习以读书为根本。

内正其身，外正其容。

大意：不但要追求内在的品德和行为的端正，也要追求外在的仪表的庄重。

努力图树立，庶几终有成。

大意：努力谋求有所建树，才能最终有所成就。

平芜尽处是春山，行人更在春山外。

大意：映入眼帘的，是绵绵无绝的春草原野，原野尽处是隐隐青山。而你，更在遥远的青山之外，渺不可寻！

人生何处不相逢。

大意：人与人分手后总是有机会再见面的。

人生自是有情痴，此恨不关风与月。

大意：人有时总是为情所困，这种烦恼完全出自于内心，而与外界的客观环境无关。

始知锁向金笼听，不及林间自在啼。

大意：才知道把画眉鸟锁在金笼里听它啼叫，远不如让它在树林里自由地歌唱。

泰山在前而不见，疾雷破柱而不惊。

大意：泰山在面前会视而不见，迅雷劈破柱子会听而不闻。

庭院深深深几许？

大意：庭院很深远，到底有多深远呢？

忧劳可以兴国，逸豫可以亡身。

大意：在担忧和勤劳中，国家和自身就可以兴盛起来，在贪图安逸的环境中，国家和自身就会灭亡。

余平生所作文章，多在三上：乃马上，枕上，厕上也。

大意：我平生所作的文章，多半在“三上”，即马上、枕上、厕上。

醉翁之意不在酒，在乎山水之间也。

大意：醉翁的心思并不在饮酒上，而在于赏玩山水。比喻本意不在此，而在别的方面。

北宋·庞元英

树倒猢狲散。

大意：树倒了，树上的猴子就散去。比喻靠山一旦垮台，依附的人也就一哄而散。

北宋·秦观

两情若是久长时，又岂在朝朝暮暮？

大意：两颗心如果是真情久长，又何必在乎天天在一起呢？

柔情似水，佳期如梦。

大意：含情脉脉似流水，美好时光恍如梦。

韶华不为少年留。

大意：大好时光不会为少年停留片刻。

夜月一帘幽梦，春风十里柔情。

大意：就像月夜里，在窗帘下的一场幽幽美梦；也像那春风轻轻吹过十里路的一片柔情。

自在飞花轻似梦，无边丝雨细如愁。

大意：花儿自由自在地飞落，轻盈得像梦；如丝的细雨像人的愁绪，无边无际地下着。

北宋·邵雍

一去二三里，烟村四五家，楼台六七座，八九十枝花。（《一去二三里》）

大意：我到外面游玩，不知不觉离家已有两三里地，看到不远处的小村庄里，有四五户人家已经冒起了炊烟。我信步走来，又看到路边有六七处精美的亭台楼阁，独自静静观赏，才发现身边的树枝上挂着八九朵，哦，不，十朵花，真是赏心悦目！

学不至于乐，不可谓之学。

大意：学习如果没有到达快乐的地步，就不能说是学习。指学习是令人快乐的事情。

北宋·释道原

百尺竿头，更进一步。

大意：比喻在取得很高的成就后争取更高的成就。

如人饮水，冷暖自知。

大意：自己直接经历过的，自己最了解。

北宋·释惟白

只重衣衫不重人。

大意：指人势利，看人只重衣着。

北宋·释赞宁

恭敬不如从命，受训莫如从顺。

大意：一味谦恭礼让，不如遵其所命。或谓己虽不敢当之，但不能违命。

北宋·司马光

读重要之书，不可不背诵。

大意：读重要的书，一定要背诵才行。

家贫思良妻，国乱思良相。

大意：家境贫寒的时候想有贤惠的妻子，国家动乱的时候想有忠诚的官员。比喻危急时刻的人性，在危难的时刻想要得到别人的帮助。

兼听则明，偏信则暗。

大意：广泛地听取多方面的意见，就能明白事情的真相，作出正确的判断。只听信一方面的意见就会不了解真相，得出错误的结论。告诫人们办事要广泛听取意见，不要听信于一人，就能把事情办好。

鉴前世之兴衰，考当今之得失。

大意：借鉴前朝国家兴衰的原因，考察当今社会政策的得与失。

天下桃李，悉在公门。

大意：各地的学生，全都出于您的门下。比喻老师培养的学生很多，各地都有。

英雄无用武之地。

大意：比喻有才能却没地方或机会施展。

由俭入奢易，由奢入俭难。

大意：由勤俭到奢侈容易，而由奢侈到勤俭就难。

北宋·宋祁

绿杨烟外晓寒轻，红杏枝头春意闹。

大意：绿杨垂柳笼聚着雾气如烟，四处弥漫着拂晓的轻寒，唯见红艳的杏花簇绽枝头，春意盎然，像火焰似的喧闹。

北宋·苏轼

博观而约取，厚积而薄发。

大意：多看多积累，而慢慢地表现出来。

春宵一刻值千金。

大意：春天的夜晚，即使是极短的时间也十分珍贵。

大江东去，浪淘尽，千古风流人物。故垒西边，人道是，三国周郎赤壁。乱石穿空，惊涛拍岸，卷起千堆雪。江山如画，一时多少豪杰。　　遥想公瑾当年，小乔初嫁了，雄姿英发。羽扇纶巾，谈笑间，樯橹灰飞烟灭。故国神游，多情应笑我，早生华发。人生如梦，一樽还酹江月。（《赤壁怀古》）

大意：长江朝东流去，千百年来，所有才华横溢的英雄豪杰，都被长江滚滚的波浪冲洗掉了。那旧营垒的西边，人们说：那是三国时周郎大破曹兵的赤壁。陡峭不平的石壁插入天空，惊人的巨浪拍打着江岸，卷起千堆雪似的层层浪花。祖国的江山啊，那一时期该有多少英雄豪杰！　　遥想当年周公瑾，小乔刚刚嫁了过来，周公瑾姿态雄峻。手里拿着羽毛扇，头上戴着青丝帛的头巾，谈笑之间，曹操的无数战船在浓烟烈火中烧成灰烬。神游于故国（三国）战场，该笑我太多愁善感了，以致过早地生出白发。人的一生就像做了一场大梦，还是把一杯酒献给江上的明月，和我同饮共醉吧！

大勇若怯，大智若愚。

大意：最勇敢的人看外表好像很胆怯，才智出众的人表面看来好像愚笨。

读书万卷始通神。

大意：看书看了成千上万本终于得到了书的精髓。

发奋识遍天下字，立志读尽人间书。

大意：发奋把天下的字都认完，立志把人世间的书都读遍。

腹有诗书气自华。

大意：一个人只要饱读诗书、学识渊博，便自然会表现出文人的优雅举止和翩翩风度。

荷尽已无擎雨盖，菊残犹有傲霜枝。一年好景君须记，最是橙黄橘绿时。（《赠刘景文》）

大意：荷叶败尽，像一把遮雨伞似的叶子和根茎再也不像夏天那样亭亭玉立；菊花也已枯萎，但那傲霜挺拔的菊枝在寒风中依然显得生机勃勃。别以为一年的好景将尽，你必须记住，最美丽的景色是在初冬橙黄橘绿的时节啊！

横看成岭侧成峰，远近高低各不同。不识庐山真面目，只缘身在此山中。（《题西林壁》）

大意：横看是蜿蜒山岭，侧看是险峻高峰，远近高低看过去千姿百态不相同。之所以不能认识庐山的真实面目，是因为身处在这层峦叠嶂深山中。

旧书不厌百回读，熟读深思子自知。

大意：已经读过的书不要厌烦于反复地读，熟读了，再加上深入地思考，你自然会领会其中的意思。

明月几时有？把酒问青天。不知天上宫阙，今夕是何年？我欲乘风归去，又恐琼楼玉宇，高处不胜寒。起舞弄清影，何似在人间？　　转朱阁，低绮户，照无眠。不应有恨，何事长向别时圆？人有悲欢离合，月有阴晴圆缺，此事古难全。但愿人长久，千里共婵娟。（《水调歌头》）

大意：明月什么时候出现的？我端着酒杯问青天。不知道天上的神仙宫阙里，现在是什么年代了。我想乘着风回到天上玉石砌成的美丽月宫，只怕在高空中经受不住寒冷。在浮想联翩中，对月起舞，清影随人，仿佛乘云御风，置身天上，哪里像在人间！　　月亮转动，照遍了华美的楼阁，夜深时，月光又低低地透进雕花的门窗里，照着心事重重不能安眠的人。月亮和人不应有什么仇恨，但为什么常常要趁着人们离别的时候圆呢？人的遭遇，有悲哀、有欢乐、有离别、也有团聚；月亮呢，也会遇到阴、睛、圆、缺。这种情况，自古以来如此，难得十全十美。只愿我们都健康和长在，虽然远离千里，却能共同欣赏这美丽的月色。

清风徐来，水波不兴。

大意：一阵微风徐徐吹过，水面没有荡起一丝波纹。

取之不尽，用之不竭。(原文为："取之无禁，用之不竭。")

大意：拿不完，用不尽。形容非常丰富。

人皆养子望聪明，我被聪明误一生。

大意：每个人生下孩子，都希望孩子头脑聪明，但我却被自己的聪明误了一辈子。

日啖荔枝三百颗，不辞长作岭南人。

大意：每天吃上三百颗荔枝，情愿长期做个岭南人。

山高月小，水落石出。

大意：从山下望去，山高高耸立，天上的月亮小而明亮；潮水回落退去，水底的石头就显露出来。

十年生死两茫茫，不思量，自难忘。

大意：两人一生一死，隔绝十年，音信渺茫。不思念吧，但本来难忘。

水光潋滟晴方好，山色空蒙雨亦奇。欲把西湖比西子，淡妆浓抹总相宜。(《饮湖上初晴后雨》)

大意：在晴日的阳光照射下，西湖水波荡漾，闪烁着粼粼的金光，风景秀丽；在阴雨的天气里，山峦在细雨中迷蒙一片，别有一种奇特的美。如果要把西湖比作美女西施，那么晴朗的西湖就如浓妆的西施，而雨天的西湖就像淡妆的西施，都是同样的美丽无比。

文章最忌随人后。

大意：写文章最忌讳的是人云亦云，一味模仿，而写不出自己的风格。

无官一身轻，有子万事足。

大意：不做官了，感到一身轻松。有了儿子，一切都满足了。现在，“无官一身轻”泛指卸去责任后轻松自在。

（游蕲水清泉寺，寺临兰溪，溪水西流。）山下兰芽短浸溪，松间沙路净无泥，萧萧暮雨子规啼。谁道人生无再少？门前流水尚能西，休将白发唱黄鸡。（《浣溪沙》）

大意：（到蕲水县的清泉寺游玩，该寺在兰溪旁边，溪水向西流。）山脚下兰草嫩芽浸入小溪，松林间小沙路干净无泥，傍晚细雨中布谷鸟阵阵啼叫。谁说人老不可再年少？门前流水还能执著奔向西边！不要在老年时感叹时光流逝，人生就会返老还童。

枝上柳绵吹又少，天涯何处无芳草。

大意：枝上的柳絮已经被吹得越来越少，天涯哪里没有芳草呢？

只恐夜深花睡去，故烧高烛照红妆。

大意：害怕海棠花像人一样会在深夜睡去，又不忍心它在黑暗中栖息，所以亮起烛光照亮。

竹外桃花三两枝，春江水暖鸭先知。

大意：竹林外的桃树已经开出三两枝桃花，春天的江水开始转暖了，早起的鸭子下水了，它们率先知道这个消息。

北宋·苏洵

知无不言，言无不尽。

大意：知道的就说，要说就毫无保留。

北宋・唐庚

一叶落知天下秋。

大意：从一片树叶的凋落，就知道秋天的到来。比喻通过个别的细微的迹象，可以看到整个形势的发展趋向与结果。

北宋・汪洙

将相本无种，男儿当自强。

大意：将相本来就不是天生的，是男儿就应该自强自立。

万般皆下品，惟有读书高。

大意：一切都是次要的，只有读书最重要、最高尚。

北宋・王安石

爆竹声中一岁除，春风送暖入屠苏。千门万户曈曈日，总把新桃换旧符。(《元日》)

大意：在噼噼啪啪的爆竹声中，送走了旧年迎来了新年。人们在饮美味的屠苏酒时，又有和暖的春风扑面而来，好不惬意！天刚亮时，家家户户都取下了旧桃符，换上新桃符，迎接新春。

不畏浮云遮望眼，只缘身在最高层。

大意：不怕会有浮云遮住了远望的视线，因为人已站在最高层的地方。

丹青难写是精神。

大意：绘画最难画的，是人的精神。

豪华尽出成功后，逸乐安知与祸双？

大意：成功后往往会生活奢华，但是否知道安逸享乐往往伴随着祸患？

积之涓涓，泄之浩浩。

大意：积小泄大，说明累积难而消耗易。对人们治国、理财、治学甚有启迪。

京口瓜洲一水间，钟山只隔数重山。春风又绿江南岸，明月何时照我还？（《夜泊瓜洲》）

大意：从京口到瓜洲只是一江之隔，从京口到南京也只隔着几座山。春风又吹绿了长江南岸，明月什么时候才能照着我回到故乡？

看似寻常最奇崛，成如容易却艰辛。

大意：看起来似乎很平常，实际上最为奇特超拔；写起来好像很容易，却经历了艰苦的创作过程。

浓绿万枝红一点，动人春色不须多。

大意：点点石榴花的开放已足以让我们感受到春天的美丽了。比喻好东西不必太多，恰到好处就行了。

墙角数枝梅，凌寒独自开。遥知不是雪，为有暗香来。（《梅花》）

大意：墙角有几枝梅花，冒着严寒独自开放。为什么远看就知道洁白的梅花不是雪呢，那是因为梅花隐隐传来阵阵的香气。

生有闻于当时，死有传于后世。

大意：在世时，闻名于当代；死后，有著述流传给后世。

水南水北重重柳，山后山前处处梅。

大意：水的两岸都是柳树，山的四周都是梅花。

岁老根弥壮，阳骄叶更阴。

大意：年岁越老根越壮实，阳光越强，枝叶越显得茂盛葱郁。形容人的阅历越深，经受考验越多，就越坚强。

天变不足畏，祖宗不足法，人言不足恤。

大意：自然界的灾异不必畏惧；前人制定的法规制度，不能盲目继承效法；对流言飞语无须顾虑。

一水护田将绿绕，两山排闼送青来。

大意：庭院外一条小河护卫着农田，把绿色的田地环绕，推开门只见两座青山迎面而至，送来青翠的山色。

北宋·王观

水是眼波横，山是眉峰聚。欲问行人去那边，眉眼盈盈处。

才始送春归，又送君归去！若到江南赶上春，千万和春住。（《卜算子·送鲍浩然之浙东》）

大意：江南的水就像美人的眼波流转，山就像美人的秀眉相聚。要问远行的人到哪去，到山川秀美的江南。 我在东京刚刚送走春天，又要送你到浙东去。如果到了江南，你赶上了春天，千万留住春天。

宋·无名氏

见之不取，思之千里。

大意：见到时不拿过来，以后再想要就难办了。

明人不做暗事。

大意：心地光明的人不做鬼鬼祟祟的事。比喻有意见就当面提出，不在背后捣鬼。

三分像人，七分像鬼。

大意：形容人长相丑陋。也指人遭受疾病或折磨后不成人样。

北宋·晏殊

池上碧苔三四点，叶底黄鹂一两声。

大意：三四片碧苔点缀着池中清水，一两声黄鹂的歌声从树上传来。

梨花院落溶溶月，柳絮池塘淡淡风。

大意：院落里，梨花沐浴在如水一般的月光之中；池塘边，阵阵微风吹来，柳絮在空中飞舞。

无情不似多情苦，一寸还成千万缕。天涯地角有穷时，只有相思无尽处。

大意：无情的人不像多情的人这么难过，一丝一寸的忧愁好像变成了千万缕一样，天涯地角都会有它的尽头，可是我的思念之情好像永无止境。

无可奈何花落去，似曾相识燕归来。

大意：真没有办法，春天开的鲜花凋谢了，那仿佛曾经见过的燕子又飞回来了。

昨夜西风凋碧树，独上高楼，望尽天涯路。

大意：昨夜西风惨烈，凋零了绿树，我独自登上高楼，遥望远方。

北宋·曾公亮

要看银山排天浪，开窗放入大江来。

大意：要看银山似的冲天巨浪，只要一打开窗子，那汹涌奔腾的江水就会滚滚扑来。

北宋·曾巩

学似海收天下水，性如桂耐月中寒。

大意：学问要像收尽了天下水的大海一样渊博，性情要像月宫中的桂树一样坚强。

北宋·张俞

遍身罗绮者，不是养蚕人。

大意：全身穿着绫罗绸缎的，不是养蚕织锦的人。

北宋·张载

为天地立心，为生民立命，为往圣继绝学，为万世开太平。

大意：为人们认识天地的真理确立一个切实的理论体系，为百姓在世上的安身立命建立一套切实的思想和方法，为历代圣贤延续行将绝传的学说，为千秋万代开创永久太平的伟大基业。

北宋·赵恒

书中自有黄金屋，书中自有颜如玉。

大意：读书考取功名是人生的一条绝佳出路，考取功名后，才能得到财富和美女。

北宋·赵普

攘外必先安内。（原文为："欲攘外者，必先安内。"）

大意：抵御外侮必须首先安定国内。

北宋·周敦颐

出淤泥而不染，濯清涟而不妖。

大意：从污泥中生长出来却不沾染污秽，在清水中洗涤过却不妖媚。

第二节 南宋时期的名言佳句

金·刘著

江南几度梅花发，人在天涯鬓已斑。

大意：记不清江南的梅花开了有多少次了，离开家乡的我已是双鬓斑白了。

金·元好问

一语天然万古新，豪华落尽见真淳。

大意：陶渊明的诗语言平淡、自然天成，摒弃纤丽浮华的装饰，露出真朴淳厚的美质，令人读来万古常新。

南宋·陈亮

色能荒人之心，酒能败人之德。

大意：美色能迷乱人的心志，酒能败坏人的德性。

疑则勿用，用则勿疑。

大意：用人应当充分信任，若对其能力或品德有疑虑，就不应任用他。

南宋·陈元靓

养儿防老，积谷防饥。

大意：养育儿子以防老年无依靠，保存谷物防备饥荒。

南宋·范成大

昼出耘田夜绩麻，村庄儿女各当家。童孙未解供耕织，也傍桑阴学种瓜。（《四时田园杂兴》）

大意：白天出去锄草夜间搓细麻，农家的儿女每个人都会持家。小孩子不懂得耕田和织布，也靠近桑树下学着种瓜。

南宋·方岳

不如意事常八九，可与人言无二三。

大意：不称心如意的事不少，但能与人讲的却不多。形容有难言之隐。

南宋·洪迈

久旱逢甘雨，他乡遇故知，洞房花烛夜，金榜挂名时。

大意：干旱了很久，忽然遇到一场好雨。身在异乡，巧遇老友。和心爱的人结婚，共同迈入洞房。科举得中。列举了作者归纳的四种人生得意之事。

南宋·黄昇

风流不在谈锋胜，袖手无言味最长。

大意：一个杰出的、有才学的人，并不在于他的能说会道，有时候沉默寡言更显得意味深长。

南宋·蒋捷

流光容易把人抛，红了樱桃，绿了芭蕉。

大意：春光容易流逝，使人追赶不上，樱桃才红熟，芭蕉又绿了。

南宋·林升

山外青山楼外楼，西湖歌舞几时休。暖风熏得游人醉，直把杭州作汴州。(《题临安邸》)

大意：青山之外还有青山，高楼之外还有高楼，湖中的游客皆为达官贵人，他们通宵达旦与舞女一起寻欢作乐，纸醉金迷，这种情况不知何时才能罢休？暖洋洋的春风把游人吹得醉醺醺的，他们忘乎所以，只图偷安宴乐于西湖，竟把杭州当成了汴州。

南宋·卢梅坡

梅须逊雪三分白，雪却输梅一段香。

大意：梅花应该比雪花少了三分晶莹洁白，但雪花不如梅花有一段清香。

南宋·陆九渊

读书切戒在慌忙，涵泳工夫兴味长。未晓不妨权放过，切身须要急思量。(《读书》)

大意：读书时一定不要匆匆忙忙，只求速度，而是要细细品读，反复揣摩、推敲、琢磨书中的语言文字，这不是短时间的功夫，通过潜心专注的研究，不断掂量思索，鉴赏比较，才能真正理解书中内容，同时也能培养自己的审美情趣。

六经注我，我注六经。

大意：阅读者去尽量理解“六经”的本义，即“文本还原”；阅读者利用“六经”的话，来解释自己的思想。

为学患无疑，疑则有进，小疑则小进，大疑则大进。

大意：读书做学问就怕没有疑问，有疑问学习就会有进步，有小的疑问，就会有小的进步，有大的疑问，就会有大的进步。

小杖则受，大杖则走。

大意：轻打就忍受，重打就逃跑。儒家认为这是孝子受父母责罚时应抱的态度。

宇宙便是吾心，吾心便是宇宙。

大意：宇宙就是我的心，我的心就是宇宙。这是一种唯心主义的观点。

南宋·陆游

出师一表真名世，千载谁堪伯仲间。

大意：《出师表》这篇文章真是举世闻名，千年以来谁能与诸葛亮相比呢？

楚虽三户能亡秦，岂有堂堂中国空无人！

大意：古时候，楚国即使只剩下三户人家，也能把秦朝灭亡，而今天强大的中国反而空无一人，没有一个英雄，难道有这种道理吗？

读书本意在元元。

大意：读书的目的在于造福老百姓。

功夫在诗外。

大意：如果要真正学习写诗，就应该在诗歌本身以外的生活中多下工夫。

古人学问无遗力，少壮工夫老始成。纸上得来终觉浅，绝知此事要躬行。（《冬夜读书示子聿》）

大意：古人做学问是不遗余力的。终身为之奋斗，往往是年轻时开始努力，到了老年才取得成功。从书本上得到的知识终归是浅薄的，未能理解知识的真谛，要真正理解书中的深刻道理，必须亲身去躬行实践。

逆胡未灭心未平，孤剑床头铿有声。

大意：没有灭掉逆反的胡贼，我的心难以平静，那把孤剑放在床头，仍然铿锵有声。

巧妇难为无米之炊。

大意：即使是聪明能干的妇女，没米也做不出饭来。比喻做事缺少必要条件，很难做成。

三军甲马不知数，但见动地银山来。

大意：战士们身穿铠甲，跨骑战马，浩浩荡荡，就像一片银山开过来，惊天动地。

三万里河东入海，五千仞岳上摩天。

大意：三万里黄河东流入大海，五千仞华山高耸接青天。

山盟虽在，锦书难托。

大意：我曾经与你的山盟海誓依然存在，但是我想给你的寄托我相思之情的书信却无法送到。

山重水复疑无路，柳暗花明又一村。

大意：山重峦叠嶂，水迂回曲折，正怀疑前面没有路，突然出现了一个柳绿花红的小山村。比喻尽管前路困难重重，但前途总是光明的。

书到用时方恨少，事非经过不知难。

大意：知识总是在运用时才让人感到太不够了，许多事情如果不亲身经历过就不知道它有多难。

死去元知万事空，但悲不见九州同。王师北定中原日，家祭无忘告乃翁。（《示儿》）

大意：本来就知道人死去后就什么也没有了，只是为没有亲眼看到中国的统一而感到悲伤。朝廷的军队收复北方领土的那一天，在家里祭祀祖先的时候，不要忘记把这件事情告诉你们的父亲。

苏常熟，天下足。

大意：苏州、常熟这个地方的粮食丰收，足以解决全国人口的吃饭问题。

万钟一品不足论，时来出手苏元元。

大意：高官厚禄不足为念，有了机会就要去救助老百姓。

位卑未敢忘忧国。

大意：地位低也不敢忘记为国家担忧。

文章本天成，妙手偶得之。

大意：文章本来是不假人工天然而成的，是技艺高超的人在偶然间所得到的。形容文学素养很深的人，出于灵感，方可偶然间得到妙语佳作。

文章最忌百家衣。

大意：写文章最忌讳的就是东拼西凑，写不出自己的风格。

无意苦争春，一任群芳妒。

大意：梅花本来就没有想和别的花争奇斗艳，却偏偏受到了群芳的嫉妒。

小楼一夜听春雨，深巷明朝卖杏花。

大意：在小楼上卧听了一夜的风雨，到了天亮，深巷中传来了卖杏花的声音。

夜阑卧听风吹雨，铁马冰河入梦来。

大意：夜深了，我躺在床上听到那风雨的声音，就迷迷糊糊地梦见自己骑着披甲的战马，跨过冰封的河流，出征北方疆场。

夜视太白收光芒，报国欲死无战场。

大意：晚上，看到明亮的太白星没有了光芒，想以死来报效国家，却苦于没有战场。指当时国力衰弱，朝廷无意北伐，壮士们没有舍身报国的机会。

一身报国有万死，双鬓向人无再青。

大意：为国家效力随时都有可能死，而两边的头发变白了就不能再变回以前的黑色了。

丈夫贵不屈，成败何足论。

大意：大丈夫贵在不屈服，成功和失败又怎么值得说道呢?

只许州官放火，不许百姓点灯。

大意：比喻反动统治者能够胡作非为，老百姓的正当言行却受到种种限制。

壮心未与年俱老，死去犹能作鬼雄。

大意：我的雄心壮志并没有随着年纪的增长而衰退，死了以后还可以做鬼中的强者。

南宋·罗大经

成人不自在，自在不成人。

大意：人要有成就，必须刻苦努力，不可安逸自在。

绳锯木断，水滴石穿。

大意：用绳子当锯子，能把木头锯断。水一直往下滴，时间长了能把石头滴穿。比喻只要有恒心，不断努力，事情就一定能成功。

住世一日，则做一日好人。居官一日，则做一日好事。

大意：在世一天，就要做一天的好人。做官一天，就要做一天的好事。

南宋·释普济

放下屠刀，立地成佛。

大意：佛家劝人改恶从善的话。比喻作恶的人一旦认识了自己的罪行，决心改过，仍可以很快变成好人。

家丑不外扬。

大意：家里不光彩的事，不便向外宣扬。

人平不语，水平不流。宋·释普济

大意：一个人如果得到了公平合理的待遇就不会表示不满了，就像水面平静就自然不会流动一样。

羊羔虽美，众口难调。

大意：羊羔的肉很鲜美，但各人的口味不同，很难调和。

冤有头，债有主。

大意：冤有冤头，债有债主。比喻要了解事情，必须找为首的人。

南宋·释悟明

上天无路，入地无门。

大意：形容无路可走的窘迫处境。

南宋·释志南

沾衣欲湿杏花雨，吹面不寒杨柳风。

大意：杏花雨滴在衣服上却不沾湿衣服，杨柳风吹在脸上不觉得寒冷。

南宋·翁卷

绿遍山原白满川，子规声里雨如烟。乡村四月闲人少，才了蚕桑又插田。（《乡村四月》）

大意：山坡田野间草木茂盛，平展的稻田里波光粼粼。天空中烟雨蒙蒙，杜鹃声声，大地一片欣欣向荣的景象。乡下的四月没事的人很少。养完了蚕，又开始种地。

南宋·文天祥

臣心一片磁针石，不指南方不肯休。

大意：我的心像一片磁针石，不指向南方，绝不罢休！

但令身未死，随力报乾坤。

大意：只要生命还未停止，我都要尽力报效国家。

高山流水，非知音不能听。

大意：乐曲的高妙，不是知音不能听懂。

惶恐滩头说惶恐，零丁洋里叹零丁。

大意：惶恐滩头话说自己惶恐的心情，零丁洋里慨叹自己孤苦伶仃的遭遇。

江湖行客梦，风雨故乡情。

大意：江湖间漂泊无依，只能做着游子的梦，经历着时代的凄风苦雨，徒增去国怀乡的万缕情思。

男儿千年志，吾生未有涯。

大意：男子汉有远大的志向，我的生命并没有到尽头。

人生自古谁无死，留取丹心照汗青。

大意：自古以来，人终不免一死，但死得要有意义，倘若能为国尽忠，死后仍可光照千秋，青史留名。

山河破碎风飘絮，身世浮沉雨打萍。

大意：国家危在旦夕恰如狂风中的柳絮，个人身世浮沉好似骤雨中的浮萍。

时穷节乃见，一一垂丹青。

大意：到了困难的时候，就能体现出一个人的气节，而这些表现出气节的人每一个都能名垂青史。

天地有正气，杂然赋流形。

大意：天地之间正气存在，赋予形体杂乱纷纷。

痛定思痛，痛何如哉！

大意：痛苦过去以后，再去追思当时的痛苦，那是何等的悲痛啊！

以身殉道不苟生，道在光明照千古。

大意：牺牲生命以保全道义，道将千古永存。

南宋·夏元鼎

踏破铁鞋无觅处，得来全不费功夫。

大意：比喻急需的东西费了很大的力气找不到，却在无意中得到了。

南宋·辛弃疾

浮天水送无穷树，带雨云埋一半山。

大意：天边的流水远送无穷的树色，雨中阴云埋掉一半青山。

了却君王天下事，赢得生前身后名。

大意：帮助君王处理好天下事，使得自己留名千古。

茅檐低小，溪上青青草。醉里吴音相媚好，白发谁家翁媪。大儿锄豆溪东，中儿正织鸡笼。最喜小儿无赖，溪头卧剥莲蓬。《清平乐·村居》

大意：草屋的茅檐又低又小，溪边长满绿绿的小草，含有醉意的吴地方音，听起来温柔又美好。那满头白发的是谁家的公婆父老？大儿子，身在河东锄草豆地，二儿子，正忙于编织鸡笼。最令人欢喜是调皮的小儿子，横卧在溪头草丛中，剥食着刚刚摘下的莲蓬。

明月别枝惊鹊，清风半夜鸣蝉。稻花香里说丰年，听取蛙声一片。七八个星天外，两三点雨山前。旧时茅店社林边，路转溪桥忽见。（《西江月·夜行黄沙道中》）

大意：明亮的月光惊起了正在栖息的乌鹊，它们离开枝头飞走了。在清风吹拂的深夜，蝉儿叫个不停。稻花香里，一片蛙声，好像是在诉说好年成。不一会，乌云遮住了月亮。只有远方的天边还有七八颗星星在闪烁，山前竟然落下几点雨。行人着急了，那土地庙树丛旁边过去明明有个茅店可以避雨，现在怎么不见了？他急急从小桥过溪，拐了个弯，茅店就出现在他的眼前。

千古兴亡多少事，悠悠，不尽长江滚滚流。

大意：国家的盛衰，千古的兴亡，正好比悠悠东逝的长江水，滚滚流不尽。

青山遮不住，毕竟东流去。

大意：青山遮拦不住，到底江水还是向东奔流而去。

秋水见毛发，千尺定无鱼。

大意：秋天，水底毛发清晰可见，水极清澈。在这样的地方，范围再大也不会有鱼出现。

沙场秋点兵。

大意：秋天在校场（俗称沙场）上召集并检阅即将或准备出征的士兵。古代点兵的最大用意是鼓舞士气，为即将出征的将士饯行。

事如芳草春长在，人似浮云影不留。

大意：人的躯体，就如浮云和影子一样虚渺，但是每个人做过的事情，一定如小草一样，无论如何烧，始终不能烧尽，芳青长留。

想当年，金戈铁马，气吞万里如虎。

大意：回想当时，刘裕率兵北伐，武器坚利，配备精良，气势好像猛虎一样，把盘踞中原的敌人一下子都赶回北方去了。

众里寻他千百度，蓦然回首，那人却在灯火阑珊处。

大意：夜深了，我千百次寻找、等待的那一个人还没有出现。我的心充满疲惫和失落，不经意一回首，却发现她在那灯火寥落的地方静静地站着。

南宋·邢俊臣

千里送鹅毛，礼轻情意重。

大意：比喻礼物虽然微薄，却含有深厚的情谊。

南宋·徐元杰

风日晴和人意好，夕阳箫鼓几船归。

大意：天气晴朗，阳光明媚，游人心情舒畅。几只画船吹着箫，敲着鼓踏上了归途。

南宋·杨万里

毕竟西湖六月中，风光不与四时同。接天莲叶无穷碧，映日荷花别样红。（《晓出净慈寺送林子方》）

大意：毕竟是西湖六月天的景色，风光与其他季节确实不同。莲叶接天望不尽一片碧绿，阳光下荷花分外艳丽鲜红。

春花秋月冬冰雪，不听陈言只听天。

大意：无论描写什么，不要去听取和模仿那些陈词滥调，要忠实于客观的自然的样子。

风力掀天浪打头，只须一笑不须愁。

大意：无论遇到什么困难，只要轻轻一笑，所有的烦恼都会烟消云散。

篱落疏疏一径深，树头花落未成阴。儿童急走追黄蝶，飞入菜花无处寻。(《宿新市徐公店》)

大意：在稀稀落落的篱笆旁，有一条小路伸向远方，路旁树上的花已经凋落了，而新叶却刚刚长出，还没有形成树阴。儿童们奔跑着，追扑翩翩飞舞的黄色的蝴蝶，可是黄色的蝴蝶飞到黄色的菜花丛中，孩子们再也分不清、找不到它们了。

泉眼无声惜细流，树阴照水爱晴柔。小荷才露尖尖角，早有蜻蜓立上头。(《小池》)

大意：泉眼悄然无声是珍惜细细的水流，树阴倒映水面是它喜欢晴日的温柔。小小的嫩荷刚露出紧裹的叶尖，早飞来可爱的蜻蜓站立在上头。

群起而攻之。

大意：大家都起来攻击它，反对它。

学而不化，非学也。

大意：学习如果不能化为己有，就不算是学习。

一叶渔船两小童，收篙停棹坐船中。怪生无雨都张伞，不是遮头是使风。(《舟过安仁》)

大意：两个儿童坐在一只如扁舟般的小船上，奇怪的是他们在船上却不用篙和棹，怪不得没下雨他们也张开了伞，原来不是为了遮雨，而是想利用伞使风让船前进啊！

月儿弯弯照九州，几家欢乐几家愁。

大意：月亮普照全中国，而人间苦乐不同，少数人过着吃喝玩乐奢侈豪华的生活，多数人却过着饥寒交迫的苦日子。

南宋·叶绍翁

萧萧梧叶送寒声，江上秋风动客情。知有儿童挑促织，夜深篱落一灯明。(《夜书所见》)

大意：萧萧秋风吹动梧叶，送来阵阵寒意，客游在外的诗人不禁思念起自己的家乡。他忽然看到远处篱笆下的灯火，料想是孩子们在捉蟋蟀。这幅图景令他倍感亲切，也许他由此想起了自己的家乡和童年吧。

应怜屐齿印苍苔，小扣柴扉久不开。春色满园关不住，一枝红杏出墙来。(《游园不值》)

大意：园主人大概是怕我木底鞋下的两只屐齿踩坏了绿色的苍苔，所以我轻轻地敲着柴门，门却久久不开。但满园的花开得正好，春色早已关不住，一枝红艳艳的杏花已经早早地探出墙来，报告着春天的信息。

南宋·叶适

观众器者为良匠，观众病者为良医。

大意：经常与兵器打交道，看多了兵器就会成为好的将军；几次得病，就能懂得医治的方法，成为好的医生。比喻对某事阅历多，富有经验，自能造诣精深。

南宋·俞文豹

近水楼台先得月，向阳花木易为春。

大意：靠近水边的楼台可先得到月的倒影，向着阳光的花草树木，容易得到温暖而盛放。比喻由于近便因而能够占到便宜。

南宋·袁采

有所期诺，纤毫必偿；有所期约，时刻不易。

大意：答应别人的东西，一丝一毫也不能少；与人约好的时间，一时一刻也不能改。

南宋·岳飞

怒发冲冠，凭栏处、潇潇雨歇。抬望眼，仰天长啸，壮怀激烈。三十功名尘与土，八千里路云和月。莫等闲、白了少年头，空悲切。　　靖康耻，犹未雪；臣子恨，何时灭！驾长车，踏破贺兰山缺。壮志饥餐胡虏肉，笑谈渴饮匈奴血。待从头、收拾旧山河，朝天阙。(《满江红》)

大意：倚在栏杆旁，我不由得怒发冲冠，一场潇潇秋雨刚刚停歇。举目远望，仰天长啸，万千思绪，奔涌激烈。为祖国奋斗，三十年的功名，自当视若尘土；与敌人周旋，八千里的征程，何惧披星戴月？千万不要随便虚掷了少年时光，等到头发白了，悲切也是无济于事。　　靖康年间的国耻啊，还没洗雪；臣子的复仇之恨啊，何时能灭？驾起远征的战车吧，直把那贺兰山踏裂！壮志凌云，饿了就饱餐敌人的肉；谈笑风生，渴了就痛饮敌人的血。期待着这一天吧，让我们从头收拾好旧日的山河，向祖国献捷！

文臣不爱钱，武臣不惜死，天下太平矣。

大意：文官不爱财，武将不怕死，天下就太平了。

南宋·岳珂

卧榻之侧，岂容他人鼾睡。

大意：自己的床铺边，怎么能让别人呼呼睡大觉？比喻自己的势力范围或利益不容许别人侵占。

南宋·张栻

律回岁晚冰霜少，春到人间草木知。

大意：立春了，天气渐渐转暖，冰冻霜雪虽然还有，但已很少了。春天的到来，连草木也都知道。

南宋·赵师秀

大风吹倒梧桐树，自有旁人说短长。

大意：大风把梧桐树吹倒了，自有旁人论说它的短和长。指针对同一件事情，不同的人站在不同的角度，会有不同的看法。引申为任何事情都有人评价，不要太计较别人的看法。

黄梅时节家家雨，青草池塘处处蛙。

大意：梅雨时节，家家户户门前都下着雨，青草丛中，池塘里，到处都是青蛙。

南宋·赵希鹄

眼不见为净。

大意：眼睛没看见，不干净也当作干净。

南宋·郑思肖

宁可枝头抱香死，何曾吹落北风中！

大意：菊花宁愿枯死枝头，绝不被北风吹落。形容菊花的清高和坚强气节。

一心中国梦，万古下泉诗。

大意：我一心梦想着要收复中原，统一祖国。那万古传诵的《下泉》诗中所表现出的思想和愿望，也正是今天人们所日夜盼望的。

南宋·周密

节物后先南北异，人情冷暖古今同。

大意：各个季节的风物景色时间上先后有异，地域上南北不同，但人情的变化自古至今都是如此。

守口如瓶，防意如城。

大意：说话谨慎，严守秘密。严格遏止私心杂念，像守城防敌一样。

南宋·朱熹

半亩方塘一鉴开，天光云影共徘徊。问渠哪得清如许？为有源头活水来。(《观书有感》)

大意：半亩大小的方形池塘里的水光明清澄得像一面打开的镜子，蓝天和白云的影子倒映在池面上，仿佛悠闲自在地来回走动。它怎么会这样清澈？因为发源处不断有活水流下来。

读而未晓则思，思而未晓则读。

大意：阅读过程中不明白的地方就要思考，思考过程中有想不通的地方就去阅读。阅读和思考一定要相互结合、相互渗透。

读书有三到，谓心到、眼到、口到。

大意：读书有“三到”，叫做心到、眼到、口到。

读书之乐何处寻，数点梅花天地心。

大意：读书之乐到哪里去寻找？就在这寒天雪地，且看那几朵盛开的梅花，从中我们可以体会天地孕育万物之心。

苦海无边，回头是岸。

大意：佛教语。指尘世如同苦海，无边无际，只有悟道，才能获得超脱。也比喻罪恶虽重，只要悔改，便有出路。

少年易老学难成，一寸光阴不可轻。

大意：人生易老，学问难成，因而必须珍惜时间，重视每一寸光阴。

胜日寻芳泗水滨，无边光景一时新。等闲识得东风面，万紫千红总是春。（《春日》）

大意：我选择一个春光明媚的美好日子来到泗水边观花赏草，只见无边无际的风光景物一时间都换了新颜。很容易认识到东风的面貌，东风吹得百花开放，万紫千红，到处都是春天的景致。

循序而渐进，熟读而精思。

大意：按照一定次序慢慢地进行，既要熟读成诵，又要精于思考。

以其人之道，还治其人之身。

大意：用别人的办法来惩治别人。

有则改之，无则加勉。

大意：对别人给自己指出的缺点错误，如果有，就改正，如果没有，就用来勉励自己。

第八章

元朝时期的名言佳句

元・奥敦周卿

上有天堂，下有苏杭。

大意：天上最美的地方是天堂，而地上最美的地方是苏州和杭州。

元・白朴

从来好事天生俭，自古瓜儿苦后甜。

大意：自古以来，好事都很少，瓜儿是先苦后甜。说明任何理想的实现，都要经过波折和努力。

孤村落日残霞，轻烟老树寒鸦。一点飞鸿影下。青山绿水，白草红叶黄花。(《天净沙・秋》)

大意：一个村庄孤独地坐落在晚霞之中。轻淡的烟雾下，几只乌鸦栖息在老树上，时不时发出几声令人心寒的啼叫。一只鸿雁飞来，在地面上投映下小小的影子。随着它的身影望去，远方是一片青色的山峦和碧绿的湖水，还有那点缀在山水之间的白色小草、红色枫叶和黄色菊花。好一派浓浓的秋景啊！

元・白仁甫

朝朝寒食，夜夜元宵。

大意：早晚都像过节一样。形容生活奢华，整天寻欢作乐。

元·程端礼

劳于读书，逸于作文。

大意：读书多用工夫，才能轻松写作。

元·高明

不是一番寒彻骨，怎得梅花扑鼻香？

大意：如果不是经受住了冬天那刺骨的严寒，梅花又怎会有那扑鼻的香气？比喻人要经过许多艰难困苦，才能获得成功。

光阴似箭催人老，日月如梭趱少年。

大意：快速飞驰的时光，追赶着少年，催促着人老，应快点勤奋工作。

上山擒虎易，开口告人难。

大意：上山擒住老虎容易，而开口求人困难。说明向人借债的困难。

十年窗下无人问，一举成名天下知。

大意：十年寒窗苦读无人知晓，一下子成了名后天下人都知道了。

万里关山万里愁，一般心事一般忧。

大意：关山万里，无处不愁，心事一般，同此烦忧。

元·高文秀

狗口里吐不出象牙。

大意：比喻坏人嘴里说不出好话来。

半部《论语》治天下。

大意：半部《论语》就可指导统治者管理天下。

元·关汉卿

船到江心补漏迟。

大意：船到江心才补漏洞。比喻补救不及时，对事情毫无帮助。

得放手时须放手，得饶人处且饶人。

大意：该放手的时候便放手。能宽容的地方就不要揪住不放，要留有余地。

儿孙自有儿孙福，莫为儿孙作远忧。

大意：儿孙们自有自己的生活和福气，不要费尽心思为他们的将来劳心伤神。

花有重开日，人无再少年。

大意：花谢了会再开，人老了则不会再年轻了。

先下手为强，后下手遭殃。

大意：指先下手可以取得优势，后动手常常吃亏。

一日为师，终身为父。

大意：哪怕只教过自己一天的老师，也要一辈子当做父亲看待。比喻十分尊重老师。

一夜夫妻百夜恩。

大意：一旦结为夫妻，就会产生深厚的感情。

只知其一，不知其二。

大意：只知道事物的一方面，而不知道它的另一方面。

着意栽花花不发，无意插柳柳成荫。

大意：有心栽种的花没开，无意插下的柳枝却成了一片柳荫。比喻存心想求得的没得到，不经意的却意外地取得了收获。

元·纪君祥

成则为王，败则为虏。

大意：成功了就可以称王，失败了就成了阶下囚。

眉头一皱，计上心来。

大意：形容略一思考，猛然想出了一个主意。

名标青史，万古流芳。

大意：姓名记载在史书中，好名声永远流传。形容功业巨大，永垂不朽。

人无害虎心，虎有伤人意。

大意：人本没有伤害老虎的心，而老虎却想伤害人。比喻自己虽没有伤害人的意思，别人却一定要伤害你。

往日无仇，近日无冤。

大意：过去没有仇恨，现在也没有怨恨。指彼此一向没有冤仇。

元·金仁杰

一朝天子一朝臣。

大意：帝王更换，下面的臣子也随之更换。后泛指一个人上台，就另换一班人马。

元·康进之

灯台不自照。

大意：灯台不能自己照自身。比喻人自己发现不了自己身上的缺点。

元·李寿卿

一言既出，驷马难追。

大意：一句话说出了口，就是套上四匹马拉的车也难追上。指话说出口，就不能再收回，一定要算数。

元·刘君锡

善有善报，恶有恶报。不是不报，时辰未到。

大意：存好心做好事就会有好的报应，存恶心做恶事就会有不好的报应。不是不报应，而是时间还没有到。

元·马致远

今日春来，明朝花谢。

大意：今天迎接春天到来，明朝又是百花凋谢。比喻时间过得很快。

枯藤老树昏鸦，小桥流水人家，古道西风瘦马。夕阳西下，断肠人在天涯。(《天净沙·秋思》)

大意：枯藤缠绕着老树，树枝上栖息着黄昏时归巢的乌鸦，小桥下，流水潺潺，旁边有几户人家，在古老荒凉的道路上，秋风萧瑟，一匹疲惫的瘦马驮着我蹒跚前行。夕阳向西缓缓落下，悲伤断肠的人还漂泊在天涯。

千军易得，一将难求。

大意：得到一千个士兵容易，得到一个好的将领却难。比喻将才难得。也比喻人才的难得。

人能克己身无患，事不欺心睡自安。

大意：人能克制自己，身心就无忧无患，做事不昧着良心就自然能安睡。

杀人偿命，欠债还钱。

大意：杀害了别人，就须以自己的性命相抵偿；欠了别人的债，就须如数归还。

养军千日，用军一时。

大意：长期供养、训练军队，以备一旦用兵打仗。

元·孟汉卿

画虎画皮难画骨，知人知面不知心。

大意：老虎的皮很好画，老虎的骨头很难画。人家的外貌很容易看出来是美还是丑，可人的心很难看出来。外表易画，骨相难描。比喻人心难测，认识一个人容易，了解一个人的内心却难。

是非只为多开口，烦恼皆因强出头。

大意：引起纠纷争端只因为说话多，带来烦恼只因为争强好胜、想出风头。

元·乃贤

千金何足惜，一士固难求。

大意：千金的钱有什么值得可惜的呢？一个人才才特别难得到啊。比喻人才难得。

元·乔吉

富贵三更枕上蝶，功名两字酒中蛇。

大意：富贵如梦幻，功名也虚幻。

元·秦简夫

坐吃山空，立吃地陷。

大意：只坐着吃，山也要空。只站着吃，地也要陷下去。指光是消费而不从事生产，即使有堆积如山的财富，也要耗尽。

元·尚仲贤

明修栈道，暗渡陈仓。

大意：韩信表面上派兵修复栈道，装出要从栈道出击的姿态，实际上却和刘邦统率主力部队，暗中抄小路袭击陈仓，趁章邯不备，取得了胜利。比喻用一种假象迷惑对方，实际上却另有打算。

元·施惠

贵人多忘事。

大意：高贵者往往善忘。常用于讽刺人健忘。

与人方便，自己方便。

大意：给他人便利，他人也会给自己便利。

元·王冕

不要人夸好颜色，只留清气满乾坤。

大意：不需要别人夸赞颜色好看，只求自己的香气充满人间。

元·王实甫

碧云天，黄花地，西风紧，北雁南飞。晓来谁染霜林醉？总是离人泪。

大意：碧蓝的天空飘着白云，地上满是零落的黄菊，萧瑟的秋风劲吹，避寒的大雁南飞。清晨，是谁把经霜的枫树叶染得像喝醉酒一样红啊？总是离别人的眼泪。

痴心女子负心汉。

大意：痴迷爱情的女子碰上无情无义的男人。

花落水流红，闲愁万种，无语怨东风。

大意：落花纷纷落在水中，使溪水都变成了红色，这么多的落花带着不愿离枝的愁绪，默默无语地埋怨吹落它们的东风。暗示落花有意，流水无情，只恨世事无常。

愿天下有情人终成眷属。（原句为："愿天下有情的都成了眷属。"）

大意：希望天底下有感情的男女最终成为夫妻。

重赏之下，必有勇夫。

大意：用重金悬赏，就会有勇于出来干事的人。

元·无名氏

兵来将挡，水来土掩。

大意：比喻不管对方使用什么手段，总有相应的对付方法。

夫妻本是同林鸟，大限来时各自飞。

大意：夫妻像鸟一样同宿在一个林子里，到寿命终了时却各奔西东。

恨小非君子，无毒不丈夫。

大意：对仇人不痛恨的人不是君子，对敌人不狠毒的人成不了大丈夫。

路遥知马力，日久见人心。

大意：路途遥远才能知道马的力气大小，日子长了才能看出人心的好坏。

旗开得胜，马到成功。

大意：令旗一挥，战马一到就取得了胜利。比喻事情进展顺利，一开始就取得成功。

前不着村，后不着店。

大意：离村店较远，吃住困难。比喻毫无着落，左右为难。

神不知，鬼不觉。

大意：形容事情做得很秘密，没有被人发觉。

天无绝人之路。

大意：老天不会断绝人的出路，把人困死。比喻人虽一时处于绝境，但终归可以找到出路。

天有不测风云，人有旦夕祸福。

大意：比喻有些灾祸的发生，事先是无法预料的。

瓦罐不离井口破。

大意：汲水的瓦罐免不了打破在井台上。比喻长期干某行当的人往往就在某种行当中失败或丧生。也比喻担着风险干事总有失手的时候。

行不更名，坐不改姓。

大意：表示自己是个硬汉，对别人毫无隐瞒。

元·夏文彦

不古不今，自成一家。

大意：自己的绘画等风格自成一体。

元·徐再思

春来南国花如绣，雨过西湖水似油。

大意：春天来到的时候，南方鲜花盛开，美如锦绣；春雨过后，西湖的湖水光亮，柔和似油。

始为天下忧，后为天下羞。

大意：开始时还为人民担忧，但到后来，蜕变为被人民所耻。指一个人由好变坏。

元·杨文奎

人无千日好，花无百日红。

大意：人不会总是一帆风顺，花不会长久鲜艳。意指没有一成不变的事。亦指人的青春短暂，好景不长或友情难以持久。

元·杨显之

常将冷眼看螃蟹，看你横行到几时？

大意：常常用冷冷的眼光盯着横行霸道的人，看你还能横行多久？意指对恶人的蔑视。

元·虞韶

只要功夫深，铁杵磨成针。

大意：比喻只要有决心，肯下工夫，多么难的事也能做成功。

元・张国宾

路见不平，拔刀相助。

大意：在路上遇见欺负人的事情，就挺身而出帮助受害的一方。

远来和尚好看经。

大意：比喻外地来的人比本地人更受重视。

元・张养浩

云来山更佳，云去山如画。山因云晦明，云共山高下。

大意：云来了山色更美，云去了山色如画。山色因云的有无而忽明忽暗，云则随着山的高低而忽上忽下。

第九章

明朝时期的名言佳句

第一节　施耐庵《水浒传》中的名言佳句

表壮不如里壮。

大意：外表好看，不如里面结实。比喻妻子能够治家，就是丈夫的好帮手。

赤日炎炎似火烧，野田禾稻半枯焦。农夫心内如汤煮，公子王孙把扇摇。

大意：太阳火辣辣的烤得地面像着了火一样，野外田地里的禾稻因为缺水都枯焦了。农民着急得就像身子内有烧开的汤水，而那些王公贵族却悠闲地摇扇乘凉。

福无双至，祸不单行。

大意：幸运的事情不会连续到来，祸事却会接踵而至。

乐极生悲，否极泰来。

大意：高兴到极点时，会发生令人悲伤的事。逆境达到极点时，会向顺境转化。

破屋更遭连夜雨，漏船又遇打头风。

大意：房屋已经很破旧了，可是又偏偏有连绵不断的雨；行船已经有漏洞了，可是又不巧有狂怒迎面的风。比喻祸不单行。

蛇无头而不行，鸟无翅而不飞。

大意：比喻失去主导或羽翼，就办不成事情了。

世情看冷暖，人面逐高低。

大意：社会人情从人的态度的冷淡或热情可以看出来，人的脸色好坏因对方的地位高低而不同。

手提三尺龙泉剑，不斩奸邪誓不休。

大意：手里拿着三尺长的龙泉剑，不把奸邪除掉绝不罢休。

有缘千里来相会，无缘对面不相逢。

大意：有缘分的人即使相隔千里，也会相聚在一起。没有缘分的人即使面对面走过，也聚不到一块。

张家长李家短。

大意：说张家的长，李家的短。比喻与己无关的闲话。

种瓜得瓜，种豆得豆。

大意：比喻做了什么事，就得到什么样的结果。

第二节　罗贯中《三国演义》中的名言佳句

笔下虽有千言，胸中实无一策。

大意：笔下虽然能写出千言万语，但心中却没有一个好的实际的办法。

马逢伯乐而嘶，人遇知己而死。

大意：马遇见伯乐会嘶鸣，人遇见知音此生死而无憾。

名垂竹帛，功标青史。

大意：名字刻在史册上，功劳标上史册。比喻好名声永远流传，功绩巨大。

谋事在人，成事在天。

大意：自己已经尽力而为，至于能否达到目的，那就要看时运如何了。

天下大势，分久必合，合久必分。

大意：全世界范围内总的趋向是：在一起的时间久了便会分开，分开的时间长了便会在一起。比喻人或事物变化无常，分合无定。

兔死狐悲，物伤其类。

大意：兔子死了，狐狸感到悲伤。比喻因同类的失败或死亡而感到悲伤。

万事俱备，只欠东风。

大意：一切都准备好了，只差东风没有刮起来，不能放火。比喻什么都已准备好了，只差最后一个重要条件了。

周郎妙计安天下，赔了夫人又折兵。

大意：比喻想占便宜，反而受到双重损失。

第三节　吴承恩《西游记》中的名言佳句

八仙同过海，独自显神通。

大意：比喻做事各有各的一套办法。也比喻各自拿出本领互相比赛。

不看僧面看佛面。

大意：不看那方面的情面，也要看这方面的情面。比喻请看第三者的情面帮助或宽恕某一个人。

不受苦中苦，难为人上人。

大意：要成为人上人，就必须历经磨难。

道高一尺，魔高一丈。

大意：比喻一事物兴起，又有另一事物超越其上。

皇帝轮流做，明年到我家。

大意：人强不能总强，人弱也不能总是弱者。事物不可能一成不变。斗转星移、沧海桑田，世事万物充满了变数。

明人不做暗事。

大意：心地光明的人不做鬼鬼祟祟的事。比喻有意见当面提出，不在背后捣鬼。

山高自有客行路，水深自有渡船人。

大意：山再高也自然有人行的路，水再深也自然会有摆渡的人。意思是天无绝人之路，总会有办法解决问题。

世上无难事，只怕有心人。

大意：只要肯下决心去做，世界上任何困难都能克服。

一叶浮萍归大海，人生何处不相逢。

大意：一叶小小的浮萍，回归大海之后，也会有相逢的时候，人与人分手后总是有机会再见面的。

真人不露相，露相不真人。

大意：不在人前露脸或暴露身份。

第四节　明朝时期其他人的名言佳句

明·方孝孺

君子淡如水，岁久情愈真。小人口如蜜，转眼如仇人。

大意：君子的心如水那样淡泊纯真，时间越久感情越真挚；小人嘴甜如蜜，但一下子就可以变为仇人。

明·冯梦龙

笨鸟先飞早入林，笨人勤学早成材。

大意：飞得慢的鸟儿提早起飞就会比别的鸟儿早飞入树林，不够聪明的人只要勤奋努力，就可以比别人早成材。

吃得苦中苦，方为人上人。

大意：吃尽了苦头，才有可能成为上等人。

富贵本无根，尽从勤中得。

大意：天下没有不劳而获的东西，必须靠自己的实力去创造。

高不成，低不就。

大意：高而合意的，做不到或得不到；做得了、能得到的，又认为低而不肯做或不肯要（多指选择工作或配偶）。

观棋不语真君子，把酒多言是小人。

大意：看人下棋而能不说话的人，是真有风度的君子；一喝酒就说话特别多的人，是没啥修养的小人。

将在谋而不在勇，兵在精而不在多。

大意：当将军的人有谋略比有勇敢更重要，士兵的战斗力在于质量而不是数量。

救人一命，胜造七级浮屠。

大意：救人一条命，胜过建一座七层的佛塔。比喻救人性命功德无量。

空口说白话。

大意：形容光说不做事，或光说而没有实际行动证明。

男儿不展风云志，空负天生八尺躯。

大意：作为男子汉，如果没有实现叱咤风云的远大理想，就等于白白长了一副好身体。

宁为太平犬，不作乱离人。

大意：宁愿做社会太平时期的狗，也不愿做兵荒马乱时期流离失所的人。

木无本必枯，水无源必竭。

大意：树没有根，必然会干枯，水没有水源也自然会枯竭。形容基础或根基的重要性。

牛头不对马嘴。

大意：比喻答非所问或两下不相合。

平生不做皱眉事，世上应无切齿人。

大意：自己平时不做伤天害理的坏事，世上应该就不会有憎恨你的人。

人逢喜事精神爽，月到中秋分外明。

大意：人遇到高兴的事情时心情舒畅，月亮到了中秋的时候特别明亮。

人心不足蛇吞象。

大意：比喻人贪心不足，就像蛇想吞食大象一样。

人心似铁，官法如炉。

大意：人的心就像铁石一样坚硬，国家法律跟炉火一样无情。

水不激不跃，人不激不奋。

大意：水不激荡就不会跃起，人不激励就不会奋发。说明激励、鼓励的重要性。

为人第一谦虚好，学问茫茫无尽期。

大意：做人首先要做到谦虚，因为学问广博，没有穷尽的时候。

无事不登三宝殿。

大意：比喻没有事不会登门造访，只要登门，必是有事相求。

冤家宜解不宜结，各自回头看后头。

大意：有仇恨的人应该解除旧仇，不应该继续结仇，要看前看后。

明·顾大典

一朝权在手，便把令来行。

大意：一旦掌了权，就发号施令，指手画脚。

明·顾宪成

风声雨声读书声声声入耳，家事国事天下事事事关心。

大意：无论是周围环境的声音还是读书的声音都很好听，表示学生要好好读书。但是光读好书对一个读书人来说是不够的，小到家事，大到国家大事，都要关心才好。

明·郭允礼

公生明，廉生威。

大意：一个人公正就会光明磊落，一个人廉洁就会有威望。

明·胡文焕

前人栽树，后人乘凉。

大意：比喻前人为后人造福。

明·胡有仁

苟有恒，何必三更眠五更起；最无益，莫过一日曝十日寒。

大意：（学习等）如果持之以恒，用不着晚睡早起打疲劳战；最没有用的就是一曝十寒，犯“冷热病”。

明·黄溥

天高皇帝远，民少相公多。

大意：偏僻的地方，中央的权力达不到，在这样的地方，老百姓很少，而国家公职人员却很多。现泛指机构离领导机关远，遇事自作主张，不受约束，以致很少的人要养活很多吃白食的人。

明·解缙

墙上芦苇，头重脚轻根底浅；山间竹笋，嘴尖皮厚腹中空。

大意：指一个人华而不实，没有什么真才实学。

明·兰陵笑笑生

不见棺材不落泪。

大意：比喻不到彻底失败的时候不肯罢休。

嗔拳不打笑面。

大意：恼怒者不打对其和善的人。形容对人和气则可免遭欺辱。

好男不吃分家饭，好女不穿嫁时衣。

大意：有志气的男人，绝不会依恋分家时留下的产业；有志气的女子，绝不会留恋出嫁时收到的衣服。比喻自食其力，不依靠父母或祖上遗产生活。

平生不作亏心事，半夜敲门不吃惊。

大意：平生如果不曾做什么亏心事，那么即使半夜有人敲门，也不会心惊肉跳。

人人有面，树树有皮。

大意：人有脸面，就像树有树皮一样。比喻人都有羞耻之心，不能不顾脸面。

明·李开先

男儿有泪不轻弹，只因未到伤心处。

大意：男子汉是不轻易流眼泪的，只是到了真正痛心的时候才会哭。

明·李贽

前门拒虎，后门进狼。

大意：比喻赶走了一个敌人，又来了一个敌人。

明·凌濛初

留得青山在，不怕没柴烧。

大意：比喻只要还有生命，就有将来和希望。

明·刘基

大江之南风景殊，杭州西湖天下无。

大意：长江以南的风景与众不同，杭州的西湖举世无双。

金玉其外，败絮其中。

大意：外面像金像玉，里面却是破棉絮。比喻外表很华美，而里面一团糟。

可望不可即。

大意：能望见，但达不到或不能接近。常比喻目前还不能实现的事。

万夫一力，天下无敌。

大意：一万个人同心协力，就可以打遍天下。说明团结起来力量大。

明·罗懋登

一寸光阴一寸金，寸金难买寸光阴。

大意：一寸光阴就像一寸金子那样宝贵，而一寸金子也无法买回一寸的光阴。

明·戚继光

封侯非我意，但愿海波平。

大意：升官封侯不是我内心的真正志向，但愿我国的沿海风平浪静。

男儿铁石志，总是报国心。

大意：男子汉有铁石一般坚定的志向，总是怀有报效祖国的决心。

艺高人胆大。

大意：技艺高超的人胆量也大。

明·沈璟

有钱能使鬼推磨。

大意：有了钱，什么事情都可以办到。

明·沈受先

生米做成熟饭。

大意：比喻事情已经做成了，不能再改变。

明·汤显祖

良辰美景奈何天，赏心乐事谁家院。

大意：这么宝贵的春光，这样优美的景色，天哪，叫我如何度过呢？使人舒心愉快的事，究竟哪家才有呢？

如花美眷，似水流年。

大意：像花一样美丽的人，也会随似水一样的时光的流逝而变老。

三分春色描来易，一段伤心画出难。

大意：春天的景色可以较好地画出来，但是伤心的表情却不容易画出来。意谓画容貌容易，画感情难。

明·唐寅（唐伯虎）

但愿老死花酒间，不愿鞠躬车马前。

大意：只想老死在桃花和美酒之间，不愿意在达官显贵们的车马前鞠躬行礼、阿谀奉承。

头上红冠不用裁，满身雪白走将来。平生不敢轻言语，一叫千门万户开。（《画鸡》）

大意：鸡头上鲜红的帽子用不着裁剪，它满身雪白，走了过来。一生中它从来不敢轻易说话，而一旦叫起来的话，千门万户都会打开。

明·王守仁（王阳明）

心明便是天理。

大意：自己心里所想的就是真实的存在。这是一种唯心主义的观点。

知者行之始，行者知之成。

大意：理解是行动的开始，行动是理解的结果。指以知为指导的行才能行之有效，脱离知的行则是盲动。

种树者必培其根，种德者必养其心。

大意：种树木必须将树木的根系培养好，修养品德的人必须先培养好自己的心性。

明·文嘉

今日复今日，今日何其少！今日又不为，此事何时了？

大意：一天又一天，时间是这样的少。今天又没有作为，这些事什么时候能做好？

明·无名氏

明枪易躲，暗箭难防。

大意：明处来的枪容易躲开，暗中射来的箭难以提防。比喻种种公开的和隐蔽的攻击。

明·徐田臣

家有一心，有钱买金；家有二心，无钱买针。

大意：一家人要齐心协力就能把事情做好。

明·徐渭

好读书，不好读书；好读书，不好读书。

大意：条件好，有利于读书，但不喜欢读书；喜欢读书，可是条件不好，不利于读书。

明·许自昌

儿女情长，英雄气短。

大意：男女之间恋情绵绵不断，而慷慨奋发的气概消沉不足。

明·杨慎

滚滚长江东逝水，浪花淘尽英雄。是非成败转头空，青山依旧在，几度夕阳红。白发渔樵江渚上，惯看秋月春风。一壶浊酒喜相逢，古今多少事，都付笑谈中。（《临江仙》）

大意：滚滚长江向东流，不再回头，多少英雄像翻飞的浪花般消逝。是与非、成与败何必太在意，都会过眼而去，只有青山依然屹立，太阳依然东升西落。白发苍苍的渔翁与樵夫泊船江面，早已习惯四时变化，难得见了一次面，便畅饮一壶浊酒，笑谈古今。

明·于谦

但愿苍生俱饱暖，不辞辛苦出山林。

大意：只希望百姓都能享温饱，所以我不辞辛苦走出山林。

芙蓉好颜色，可惜不禁霜。

大意：芙蓉花的颜色很好看，可惜禁不住霜的打击。

千锤万凿出深山，烈火焚烧若等闲。粉身碎骨全不怕，要留清白在人间。（《石灰吟》）

大意：石灰石经过千锤万凿的辛苦从深山里开采出来，对待烈火的焚烧看似是很平常的事情。对于粉身碎骨的后果我丝毫不感到害怕，只要能把自己的清白留在这个世界上。

清风两袖朝天去，免得闾阎话短长。

大意：清风两袖，返回京城，免得让老百姓说长道短。

书卷多情似故人，晨昏忧乐每相亲。

大意：书卷就像多情的老朋友，不论早晚，不论欢乐、忧愁，它都与你亲近。

树荆棘得刺，树桃李得荫。

大意：比喻恶有恶报，善有善报。

题诗寄汝非无意，莫负青春取自惭。

大意：写这首诗给你不是没有特别意思的，不要辜负了青春之后自己后悔。

一寸丹心图报国，两行清泪为思亲。

大意：我一颗赤心渴望着报效国家，身在他乡，思念亲人又不禁使我双眼泪流成行。

明·张凤翼

各人自扫门前雪，莫管他人瓦上霜。

大意：比喻不要多管闲事。

明·郑成功

试看天堑投鞭渡，不信中原不姓朱。

大意：请看我投鞭断流，渡过长江天堑；我就不信中原不是明朝的天下。表现了作者驱除清军，恢复明朝统治的顽强斗志和坚定信念。

养心莫若寡欲，至乐无如读书。

大意：养心的方法莫过于减少欲望，最快乐的事情不如去读书。

明·朱元璋

大肚能容，容天下难容之事；慈颜常笑，笑天下可笑之人。

大意：指为人要大度，要心胸开阔。

行事见于当时，是非公于后世。

大意：做事要考虑当时的情况，是对还是错，后人会有一个公正的评价。

第十章

清朝时期的名言佳句

第一节　曹雪芹《红楼梦》中的名言佳句

丁是丁，卯是卯。

大意：钉子一定要安在相应的铆处，不能有差错。形容对事认真，毫不含糊。

好风凭借力，送我上青云。

大意：借助好风之力，将我送到青云之上。意思是依靠一个良好的机会平步青云。

机关算尽太聪明，反算了卿卿性命。

大意：想方设法去算计别人时，反而自己吃了亏，遭了报应。

假作真时真亦假，无为有处有还无。

大意：把假的当作真的，真的也就成了假的；把没有的当作有的，有的也就成为没有的了。

嫁鸡随鸡，嫁狗随狗。

大意：封建礼教认为，女子出嫁后，不论丈夫好坏，都要永远跟从。

井水不犯河水。

大意：比喻各管各的，互不相犯。

满纸荒唐言，一把辛酸泪。都云作者痴，谁解其中味？

大意：整部小说都是“荒唐”之言，但藏在其中的却是辛酸的眼泪。大家都说作者傻，可谁能理解里面真正的含义呢？

明是一盆火，暗是一把刀。

大意：当面很热情很周到，背后却暗中使坏，口蜜腹剑。

牛不喝水强按头。

大意：比喻用强迫手段使人就范。

千里姻缘一线牵。

大意：夫妻婚配是命中注定，由月下老人暗中用一根红线牵连而成的。

清官难断家务事。

大意：再公正的官吏也很难论断家庭纠纷的是非曲直。指家庭内部的事，外人很难搞清楚。

人居两地，情发一心。

大意：人虽然在不同的地方，但内心所想的却是一样的。

三天打鱼，两天晒网。

大意：比喻对学习、工作没有恒心，经常中断，不能长期坚持。

舍得一身剐，敢把皇帝拉下马。

大意：比喻再难的事，拼着一死也敢干下去。

身后有余忘缩手，眼前无路想回头。

大意：有了一辈子都花不完的钱财仍不罢休，碰壁后走投无路时才想到回头。

世人都晓神仙好，惟有功名忘不了！

大意：世人都知道做神仙好，可是就是舍弃不掉凡尘的功名。

世人都晓神仙好，只有娇妻忘不了！

大意：世人都认为做神仙好，可是却忘不了家中的妻子。

世人都晓神仙好，只有儿孙忘不了！

大意：世人都知道做神仙好，可又舍弃不了家中的儿女子孙。

世人都晓神仙好，只有金银忘不了！

大意：世人都说做神仙好，却忘不掉凡尘的金银财宝。

世事洞明皆学问，人情练达即文章。

大意：把人情世故弄懂就是学问，有一套应付本领也就是文章了。

天下乌鸦一般黑。

大意：比喻不管哪个地方的剥削者压迫者都是一样的坏。

万两黄金容易得，知心一个也难求。

大意：黄金万两容易得到，但知心朋友就连一个也难找到。形容知己难求。

心病终须心药医，解铃还须系铃人。

大意：思想上的毛病，要用解决思想问题的方法去医治；要解下绑紧的铃子，就要让那个当初绑上铃子的人来解决。比喻由谁引起的麻烦，仍由谁去解决。

心有余而力不足。

大意：心里非常想做，但是力量不够。

眼前道路无经纬，皮里春秋空黑黄。

大意：螃蟹眼前横竖已无路可走，虽然诡计多端但也徒劳，终究逃脱不了被人煮食的命运。用来比喻一切惯于搞阴谋诡计的野心家、两面派，也是非常适合的。他们总是心怀叵测，横行一时，背离正道，走到邪路上去，结果都是机关算尽，却逃脱不了灭亡的下场。

月满则亏，水满则溢。

大意：月亮圆了以后就要逐渐出现亏损，变得不圆有缺。

水盛满了以后就要流出来。形容物极必反，事物发展到一定程度就要走向其反面，没有永恒的完美。

子系中山狼，得志便猖狂。

大意：你是一只中山狼，一得志就猖狂起来要害人。常用来比喻凶狠险恶，恩将仇报的人。

字字看来皆是血，十年辛苦不寻常。

大意：每一个字看上去都带有鲜血，写作总共花了十年的时间，真是不一般。

第二节　清朝时期其他人的名言佳句

清·方东树

美玉微瑕，未为至宝。

大意：美中有小小的不足，不是最好的。

学无止境，道无终级。

大意：学业和道德修养是没有尽头的，应奋进不息。

清·高鼎

草长莺飞二月天，拂堤杨柳醉春烟。儿童散学归来早，忙趁东风放纸鸢。（《村居》）

大意：绿草茂盛，黄莺飞舞，正是二月早春，轻拂堤岸的杨柳沉醉在烟雾之中。乡间的孩子们放学回来得很早，一个个借着东风愉快地放起了风筝。

远看山有色，近听水无声。春去花还在，人来鸟不惊。（《画》）

大意：在远处可以看清山有青翠的颜色，在近处却听不到流水的声音。春天过去了但花儿还是常开不败，人走近了，枝头上的鸟儿却纹丝不动。

清·龚自珍

九州生气恃风雷，万马齐喑究可哀。我劝天公重抖擞，不拘一格降人才。(《己亥杂诗》)

大意：九州内生机勃勃要有风雷激荡，万马齐喑的沉闷局面实在可哀。我劝告天公要重新振作精神，打破一切清规戒律将各种人才降落人间。

落红不是无情物，化作春泥更护花。

大意：落花不是无情的东西，它落在泥土里化作春泥，还可以哺育花。

四海变秋气，一室难为春。

大意：到处都是秋天的衰败景象，一间小小的屋子里自然不会有春天那样的生机。比喻大气候已经如此，个人无法加以改变。

万人丛中一握手，使我衣袖三年香。

大意：在成千上万的人群中，很幸运地与你握了一下手，使我的衣袖直到三年后还留有香气。描写对某人的敬仰尊崇。常用来形容某人得到一份难得的宠遇，自觉受宠若惊，异常欣喜。

清·顾炎武

人生富贵驹过隙，惟有荣名寿金石。

大意：人生中的富贵如白驹过隙，是很短暂的，只有好声誉像磐石一样长留人间。

生无一锥土，常有四海心。

大意：自己虽然没有寸土之封，却常有关怀天下苍生的志向。

十年天地干戈老，四海苍生痛苦深。

大意：（清兵入关后，长期屠戮中原人民）十年来百姓经历了漫长的金戈铁马、浴血奋战的日子，全国人民在无穷的灾难中痛苦不堪。

天下兴亡，匹夫有责。

大意：国家的兴盛或衰亡，每个普通人都有一分责任。

远路不须愁日暮，老年终自望河清。

大意：路途遥远，也不必为天色将晚而犯愁；老年人还在每天企盼着哪一天能看到黄河之水变得澄清。

清·洪昇

君王舅子三公位，宰相家人七品官。

大意：国君的妻兄妻弟都身居三公高位，宰相家的仆人也能当七品县官。

胜败乃兵家常事。

大意：胜利或失败是带兵作战的人常遇到的事情。意思是不要把偶然一次的胜利或失败看得太重。

西湖一勺水，阅尽古来人。

大意：小小的西湖看遍了自古以来人间的悲欢和盛衰。

清·黄景仁

十有九人堪白眼，百无一用是书生。

大意：经常要受到别人的白眼，什么事情也做不了的就是读书人。

清·黄遵宪

寸寸河山寸寸金。

大意：指祖国山河可贵。

我手写我口，古岂能拘牵？

大意：我要用我的文字来表达我想说的，那些陈腐的格式和考据的方法怎么能约束我呢？

清·纪昀

百思不得其解。

大意：百般思索也无法理解。

清·金缨

岂能尽如人意，但求无愧我心。

大意：很难事事尽如人意，但求处世无愧于心。

勤能补拙，俭以养廉。

大意：勤奋可以弥补不足，节俭可以培养廉洁的作风。

清·李宝嘉

不到黄河心不死。

大意：比喻不达目的不罢休。也比喻不到实在无路可走的境地不肯死心。

打开天窗说亮话。

大意：比喻无须规避，公开说明。

大丈夫能屈能伸。

大意：指人在不得志时能忍耐，在得志时能施展其抱负。

三句话不离本行。

大意：指人的言语离不开他所从事的职业范围。

秀才造反，三年不成。

大意：秀才反叛朝廷，多年也难以成功。古时形容知识分子软弱无力，摇摆不定，做不成大事。

嘴上无毛，办事不牢。

大意：年轻人阅历浅，做不好事情。

清·李汝珍

前无古人，后无来者。

大意：之前没有出现过，之后也不会出现。形容非常罕见，或者无法超越。

远在天边，近在眼前。

大意：形容寻找的人或物就在面前。

清·李渔

浪子回头金不换。

大意：不走正道的人改邪归正后极其可贵。

清·梁启超

男儿志兮天下事，但有进兮不有止。

大意：男儿应以天下大事为自己的志向，但求能够不断进取没有止境。

人生百年，立于幼学。

大意：人活一辈子，幼年的所学会主导你一生，对你的影响也最大。

人生须知负责任的苦处，才能知道尽责任的乐趣。

大意：人生只有经历承担责任的痛苦才能知道尽到责任的乐趣。

少年智则国智，少年富则国富，少年强则国强，少年独立则国独立，少年自由则国自由，少年进步则国进步，少年胜于欧洲则国胜于欧洲，少年雄于地球则国雄于地球。

大意：说明少年对于国家的重要性。

谁怜爱国千行泪，说到胡尘意不平。

大意：谁能领会爱国诗人的千行热泪？每每说到金兵铁骑蹂躏祖国大地就愤愤不平。

清·林则徐

苟利国家生死以，岂因祸福避趋之。

大意：如果对国家有利，不论生死，也要去干，怎么会因为福祸而避后趋前呢。

海到无边天作岸，山登绝顶我为峰。

大意：海洋宽广没有边沿，看不到岸，大海的岸就是天空。山峰高耸，看不到顶，人是高山的顶峰。比喻凌云壮志。

海纳百川，有容乃大；壁立千仞，无欲则刚。

大意：大海可以容纳千百条河流，有度量才能成其大；悬崖绝壁能够直立千丈，没有贪欲才能刚强。

清·纳兰性德

山一程，水一程，身向榆关那畔行，夜深千帐灯。风一更，雪一更，聒碎乡心梦不成，故国无此声。（《长相思》）

大意：爬山走一程，涉水走一程，朝着关外山海关那个方向走。到了夜深人静的时候，千家万户都点起了灯火。风一阵阵，雪一阵阵，嘈杂的声音打碎我思乡的心和未做完的梦，而在故乡的家园却没有这种杂乱的声音。

清・蒲松龄

书痴者文必工，艺痴者技必良。

大意：专心在书籍上的人，文章必定写得好。专心在工艺上的人，技术必定精良。

一人飞升，仙及鸡犬。

大意：比喻一人得势，与其有关者亦皆随之发迹。

有志者，事竟成，破釜沉舟，百二秦关终属楚；苦心人，天不负，卧薪尝胆，三千越甲可吞吴。

大意：这是一副励志对联，以“项羽灭秦”和“勾践破吴”两件史事，说明有志气的人最终能把事情办成功。

清・钱彩

三军未发，粮草先行。

大意：指出兵之前，先准备好粮食和草料。比喻在做某件事情之前，提前做好准备工作。

树高千丈，落叶归根。

大意：树虽然高达千丈，但落叶还是要回到根里。比喻离开故乡多时，最后还是要返回故里。

清・钱鹤滩

明日复明日，明日何其多。我生待明日，万事成蹉跎。

大意：总是明日又明日，明日是何等的多啊！如果天天等待明天，那么只会虚度时光，永远一事无成。

清·钱泳

读万卷书，行万里路。

大意：读万卷书，如同行万里路一样。形容多读书，则见多识广。

清·秋瑾

拼将十万头颅血，须把乾坤力挽回。

大意：哪怕是拼死十万人，也要推翻封建王朝，全力挽回衰败的祖国的命运。

死生一事付鸿毛，人生到此方英杰。

大意：把或死或生这样的事情都能看做小事一桩，人生到这样的地步才是英雄豪杰。

叹息风云多变幻，存亡家国总关情。

大意：叹息社会动荡，变化莫测，难以料想；存亡家庭和国家这样的事情总是牵连着自己的心。

清·史襄哉

当家才知柴米贵，养儿方晓父母恩。

大意：主管家政才知道柴米油盐的价格，做了父母才知晓父母的恩情。

酒不醉人人自醉，色不迷人人自迷。

大意：酒不会使人喝醉，喝醉是人自己造成的；美色不会去迷人，迷恋于美色是人自己造成的。

千高万高，人心最高。

大意：指人心高傲，往往难以满足。

清·孙洙

熟读唐诗三百首，不会作诗也会吟。

大意：能把三百首唐诗读熟，即使不会作诗也会吟诵。指多读唐诗有好处。

清·谭嗣同

我自横刀向天笑，去留肝胆两昆仑。

大意：即使屠刀架在了我的脖子上，我也要仰天大笑，出逃或留下来的同志们，都是像昆仑山一样的英雄好汉。

有心杀贼，无力回天。死得其所，快哉快哉。

大意：这是谭嗣同就义前说的话：有心要把那些阻碍变法的人杀掉，但变法却没有成功。我们的死是有价值的，快点行刑吧。

清·王士祯

几行红叶树，无数夕阳山。

大意：远处有几行红了叶子的树，还有无数披着夕阳的山。描绘了一幅美好的景色。

清·王永彬

百善孝为先，万恶淫为源。

大意：孝是一切行为中应该最先做到的，淫心是一切恶行的开始。

清·汪琬

严以律己，宽以待人。

大意：对自己要求严格，待别人则很宽厚。

清·魏源

不忧一家寒，所忧四海饥。

大意：不担心一个小家的冷暖问题，担心的是全国人民的温饱问题。

观化百代后，独立万古前。

大意：严肃的写作应考虑到百代后教化影响，能够在万古面前取得独立的地位。

师夷长技以制夷。

大意：学习外国人的长处来对付外国人。

暑极不生暑而生寒，寒极不生寒而生暑。

大意：天气热到了极点不会继续生出热天，而会逐渐转到冷天。天气冷到了极点不会继续生出冷天，而会逐渐转到热天。

志士惜年，贤人惜日，圣人惜时。

大意：有志之士珍惜每一年的光阴；贤德之人，珍惜每一天的光阴；而圣人则会珍惜每一时辰的光阴。

清·魏子安

不惜寸阴于今日，必留遗憾于明朝。

大意：今天不珍惜宝贵时间，就必定会把遗憾留给明天。

一失足成千古恨，再回头已百年身。

大意：比喻一旦犯下严重错误或堕落，就会成为终身的憾事。

清·文康

不登大雅之堂。

大意：不能登上高雅的厅堂。形容某些不被人看重的、粗俗的事物，多指文艺作品。

朝中有人好做官。

大意：指依靠有权势的人做靠山就能得到重用。

大水冲了龙王庙。

大意：比喻本是自己人，因不相识而相互发生了冲突争端。

衣来伸手，饭来张口。

大意：指懒惰成性，什么都需要依靠别人。

清·吴敬梓

读书好，耕田好，学好便好；创业难，守成难，知难不难。

大意：读书对自己有好处，耕田对自己也有好处，学习好的东西对自己就有好处；创业是艰难的，但守成更艰难，知道其中的难处就不艰难了。

夫妻无隔宿之仇。

大意：夫妻之间的争吵易于和解。

三年清知府，十万雪花银。

大意：一个清廉的知府，一任三年下来，仅所应有的各项正常收入就会有十万两银子的进项。后来泛指地方官或一般官员敛财贪赃。

三十年河东，三十年河西。

大意：某个地方原来在河的东面，若干年后，因河改道，这个地方会变为在河的西面。比喻人事的盛衰兴替变化无常，有时候会向反面转变，难以预料。

清·吴伟业

恸哭六军俱缟素，冲冠一怒为红颜。

大意：痛哭流涕，让军队的战士们都披麻戴孝。因为生气，头发竖起来，把帽子都顶起来了，为什么这样生气呢？因为他的爱人被抢走了。指吴三桂的部队表面为崇祯皇帝举丧，实则为报夺妻之恨，立誓与李自成为敌。

清·浴日生

置之死地而后快。

大意：恨不得把人弄死才痛快。形容心肠狠毒。

清·袁枚

爱好由来下笔难，一诗千改始心安。

大意：自己心里想想是很简单的，但是要写起来却很难。每一首诗都得琢磨再三，经过不断的推敲删改以后，才能放得下心。

白日不到处，青春恰自来。苔花如米小，也学牡丹开。（《苔》）

大意：春天明亮的阳光照不到的背阴处，生命照常在萌动，照常在蓬勃生长。即使那如米粒一般微小的苔花，一点也不自暴自弃，一点也不自惭形秽，依然像那美丽高贵的牡丹一样，自豪地盛开。

但肯寻诗便有诗，灵犀一点是吾师。

大意：只要肯下工夫，就能作出好诗。这种创作是没有老师的，凭借的只是瞬间的灵感。

钓鱼须钓海上鳌，结交须结扶风豪。

大意：钓鱼必须要钓大海里的大鳌，交朋友必须结交英雄豪杰。

牧童骑黄牛，歌声振林樾。意欲捕鸣蝉，忽然闭口立。（《所见》）

大意：牧童骑在黄牛背上，嘹亮的歌声在林中回荡。忽然想要捕捉树上鸣叫的知了，就马上停止唱歌，一声不响地站立在树下。

明月有情应识我，年年相见在他乡。

大意：如果明月有情的话，它应该认识我啊，因为每年我们都能在他乡相见。

文似看山不喜平。

大意：写文章要像山一样起起伏伏，不要平淡无味，要写出点波澜，有曲折起伏，那才吸引人。

一双冷眼看世人，满腔热血酬知己。

大意：冷淡地看待世人，而对朋友却满腔热情。

清·翟灏

情人眼里出西施。

大意：比喻由于有感情，觉得对方无一处不美。

清·查慎行

月黑见渔灯，孤光一点萤。微微风簇浪，散作满河星。（《舟夜书所见》）

大意：夜黑了，渔船上孤零零的灯光好像微弱的萤火虫的光芒，微风吹起了细细的波浪，由于水波动荡，映在水面上的灯光好像化成了许多闪耀的星星。

清・张维屏

造物无言却有情，每于寒尽觉春生。千红万紫安排着，只待新雷第一声。（《新雷》）

大意：大自然虽然不会说话，但有感情，冬寒尚未退尽，春天就已经悄悄来临了。百花园里万紫千红的花朵都已各就各位，就等待那一声新雷，便会竞相开放。

清・赵翼

触景生情，因事起意。

大意：受到眼前景物的触动，引起联想，产生某种感情。多指因为某种事情而萌发某种意念。

李杜诗篇万古传，至今已觉不新鲜。江山代有才人出，各领风骚数百年。（《论诗》之二）

大意：李白和杜甫的诗篇经成千上万的人传诵，现在读起来感觉已经没有什么新意了。我们的大好河山每代都有才华横溢的人出现，他们的诗篇文章以及人气都会流传数百年。

清・郑板桥（郑燮）

君有奇才我不贫。

大意：比喻友谊真挚可以祸福与共。

难得糊涂。

大意：聪明难，糊涂难，由聪明转入糊涂更难。也指让聪明人糊涂实际上很难。

删繁就简三秋树，领异标新二月花。

大意：删除繁琐啰唆的地方，尽量简短，使文章好像深秋里掉光树叶的树一样；与众不同，富有新意，有如二月里的鲜花一样，独领风骚。

十分学七要抛三，各有灵苗各自探。

大意：学习他人，要学习七分，抛弃三分，有所取舍，不全盘照收、不依样画葫芦。每个人都有自己的聪明才智，每个人都要将自己的聪明才智加以挖掘。

衙斋卧听萧萧竹，疑是民间疾苦声。些小吾曹州县吏，一枝一叶总关情。（《潍县署中画竹呈年伯包大中丞括》）

大意：在书斋躺着休息，听见风吹竹叶发出萧萧之声，立即联想到是百姓啼饥号寒的怨声。我们虽然只是些小小的州县官吏，但是老百姓的一举一动都牵动着我们的感情。

咬定青山不放松，立根原在破岩中。千磨万击还坚劲，任尔东西南北风。（《竹石》）

大意：咬住了青山就绝不肯放松，根须已经深扎在岩石之中。历经千万次磨炼更加坚韧，任凭你东西南北来的狂风。

月来满地水，云起一天山。

大意：月亮出来了，地上的月光像水一样；云层厚的时候，天上像有连绵起伏的山峰。

清·左宗棠

读未见书，如得良友；读已见书，如逢故人。

大意：阅读未读过的书，就像得到了好朋友；重读已看过的书，就像遇到了老朋友。

穷困潦倒之时，不被人欺；飞黄腾达之日，不被人嫉。

大意：穷困潦倒的时候，不被别人欺负；飞黄腾达的时候，不被别人嫉妒。

身无半亩，心忧天下；读破万卷，神交古人。

大意：自己虽然家无半亩土地，心里却关心着国家；要大量阅读，与古代贤哲仁人作精神上的交往。

第十一章

现当代的名言佳句

第一节 毛泽东的名言佳句

北国风光，千里冰封，万里雪飘。望长城内外，惟余莽莽；大河上下，顿失滔滔。山舞银蛇，原驰蜡象，欲与天公试比高。须晴日，看红装素裹，分外妖娆。　　江山如此多娇，引无数英雄竞折腰。惜秦皇汉武，略输文采；唐宗宋祖，稍逊风骚。一代天骄，成吉思汗，只识弯弓射大雕。俱往矣，数风流人物，还看今朝。(《沁园春·雪》)

大意：北方的风光，千里冰封冻，万里雪花飘。望长城内外，只剩下无边无际白茫茫一片；宽广的黄河上下，顿时失去了滔滔水势。山岭好像银白色的蟒蛇在飞舞，高原好像蜡白色的巨象在奔驰，它们都想试一试与老天爷比高。要等到晴天的时候，看红艳艳的阳光和白皑皑的冰雪交相辉映，分外美好。

江山如此媚娇，引得无数英雄竞相倾倒。只可惜秦始皇、汉武帝，略差文学才华；唐太宗、宋太祖，稍逊文治功劳。一代上天娇宠的儿子成吉思汗，只知道弯弓射大雕。这些人物全都过去了，数一数英雄豪杰，还要看今天的人们。

不打无准备之仗。

大意：做什么事情都要先做好准备。

才饮长沙水，又食武昌鱼。万里长江横渡，极目楚天舒。不管风吹浪打，胜似闲庭信步，今日得宽余。子在川上曰：逝者如

斯夫！　　风樯动，龟蛇静，起宏图。一桥飞架南北，天堑变通途。更立西江石壁，截断巫山云雨，高峡出平湖。神女应无恙，当惊世界殊。(《水调歌头·游泳》)

大意：刚饮过长沙的水，现在又吃了武昌鱼。我横渡万里长江，举目眺望舒展的长空。哪管得风吹浪涌，这一切犹如信步闲庭，今天我终于可以尽情流连。孔子在岸边叹道：光阴如流水般远去了！　　江面风帆飘荡，龟蛇二山静静伫立，胸中宏图升起。大桥飞跨沟通南北，长江天堑将会畅行无阻。我还要在长江西边竖起大坝，斩断巫山多雨的洪水，让三峡出现平坦的水库。神女想必很健康，但她会惊愕世界变了模样。

敌进我退，敌驻我扰，敌疲我打，敌退我追。

大意：敌人进攻时，我们就后退；敌人停留下来时，我们就搅乱；敌人疲惫不堪时，我们就攻打；敌人后退时，我们就追击。

敌军围困万千重，我自岿然不动。

大意：敌人将我军重重包围，我军却像高山一样，挺立着一动不动。

东方欲晓，莫道君行早。踏遍青山人未老，风景这边独好。

大意：东方即将初露曙色，但请不要说你来得早。我踏遍青山仍正当年华，这里的风景最好。

独立寒秋，湘江北去，橘子洲头。看万山红遍，层林尽染；漫江碧透，百舸争流。鹰击长空，鱼翔浅底，万类霜天竞自由。怅寥廓，问苍茫大地，谁主沉浮？　　携来百侣曾游，忆往昔峥嵘岁月稠。恰同学少年，风华正茂；书生意气，挥斥方遒。指点江山，激扬文字，粪土当年万户侯。曾记否？到中流击水，浪遏飞舟。(《沁园春·长沙》)

大意：深秋时节，我独自站在橘子洲头，看湘江流水滚滚北去。远望群山，重重叠叠的枫林一片火红；近看湘江，碧绿清澈的江面上，无数船只争相疾驶。仰望长空，雄鹰展翅飞翔；俯视水中，鱼儿怡然畅游。宇宙间的万物，都在奋发向上、自强不息。面对这无限美好的大千世界，怎能不激起思绪万千？不禁要问这旷远迷茫的大地，谁才是主宰你命运的真正主人？　　想当年，曾经和许多战友在这里活动，度过了许多不平凡的战斗岁月。那时，同学正当青春年少，精神焕发、才华横溢、激情奔放、奋发有为。大家经常在一起评论国家大事，写慷慨激昂的文章，激浊扬清，把不可一世的反动派视为一文不值的粪土！还记得吗，当年我们到江心急流中游泳，奋力搏击，掀起滔天巨浪，把飞驶而来的大船几乎都挡住？

独有英雄驱虎豹，更无豪杰怕熊罴。

大意：唯有孤胆英雄在驱杀虎豹，大豪杰绝不会惧怕那熊罴。

风雨送春归，飞雪迎春到。已是悬崖百丈冰，犹有花枝俏。
俏也不争春，只把春来报。待到山花烂漫时，她在丛中笑。（《卜算子·咏梅》）

大意：风雨将春天送走了，飞雪又把春光迎来。正是悬崖结下百丈冰柱的时节，但仍然有花枝俏丽竞放。　　俏丽但不掠春光之美，只是把春天消息来报告。待到山花开满大地时，梅花就在花丛中欢笑。

高天滚滚寒流急，大地微微暖气吹。

大意：长空翻滚起湍急的寒流，大地吹送出微微的暖意。

古为今用，洋为中用。百花齐放，推陈出新。

大意：把古代有用的东西拿到今天来使用，把外国有用的东西拿到中国来使用。让各种不同形式和风格的艺术自由发展，对旧的文化要批判地继承，剔除其糟粕，吸取其精华，创造出新的文化。

孩儿立志出乡关，学不成名誓不还。埋骨何须桑梓地，人生无处不青山。

大意：孩儿已立志走出家乡，学不成名发誓不回家乡。掩埋尸骨哪须故土，人的一生处处都有青山。

贵有恒，何必三更眠五更起；最无益，只怕一日曝十日寒。

大意：（学习等）贵在持之以恒，用不着起早贪黑打疲劳战；最没有用的就怕一曝十寒，犯“冷热病”。

好好学习，天天向上。

大意：好好地学习，每天都取得进步。

红军不怕远征难，万水千山只等闲。五岭逶迤腾细浪，乌蒙磅礴走泥丸。金沙水拍云崖暖，大渡桥横铁索寒。更喜岷山千里雪，三军过后尽开颜。（《七律·长征》）

大意：红军不畏惧远征的艰辛，千山万水只是区区小事不足道来。五座大山蜿蜒荡起细小的波浪，高峻的乌蒙山也如脚下流动的泥丸，金沙江的水波拍打着温暖的悬崖，大渡河上横跨了寒冷的铁索桥。最是欢喜岷山的千里白雪，三军将士过了此处都笑逐颜开。

金猴奋起千钧棒，玉宇澄清万里埃。

大意：金猴操起它的千钧棒，把天地间的妖魔鬼怪打得个落花流水。

可上九天揽月，可下五洋捉鳖。

大意：可以飞向长空摘月亮，也可以潜下海洋捉鱼鳖。

牢骚太盛防肠断，风物长宜放眼量。

大意：看待一切事情都应该眼光远大，不要过分忧虑和发牢骚，以免影响健康。

泪飞顿作倾盆雨。

大意：热泪飞洒犹如倾盆大雨。

没有调查就没有发言权。

大意：要想发表意见，就要先进行调查。

农村包围城市，武装夺取政权。

大意：这是毛泽东思想中最具独创性的理论，其基本内容是：中国民主革命首先在敌人统治力量比较薄弱的农村发动农民武装暴动，建立人民军队，建立革命根据地，把武装斗争、土地革命、建立政权结合起来，使之建成支持长期革命战争的战略基地。依托根据地积累发展革命力量，随着革命战争、人民武装和根据地的发展，逐步造成农村包围城市的战略态势，最后夺取全国胜利。

千秋功罪，谁人曾与评说。

大意：千年功过是非，究竟何人曾予以评说？

虚心使人进步，骄傲使人落后。

大意：指做人做事要谦虚而不要骄傲。

前途是光明的，道路是曲折的。

大意：指做事情既要充满信心和希望，但又要有应对困难和迎接挑战的心理准备。

枪杆子里面出政权。

大意：要想建立政权就必须依靠自己的武装力量。

群众是真正的英雄。

大意：指人民大众中蕴藏着无穷的智慧和力量，他们才是真正意义上的英雄。

人不犯我，我不犯人。人若犯我，我必犯人。

大意：别人不侵犯我，我也不侵犯别人。别人如果侵犯我，我一定要侵犯别人。

三十八年过去，弹指一挥间。

大意：时间过得很快，犹如弹指一刹那。

生的伟大，死的光荣。

大意：生前很伟大，死后很光荣。

世界上没有无缘无故的爱，也没有无缘无故的恨。

大意：指世界上的爱与恨都是有原因的。

世界是你们的，也是我们的，但归根结底是你们的。你们青年人朝气蓬勃，正在兴旺时期，好像早晨八九点钟的太阳。希望寄托在你们身上。

大意：世界属于青年人，希望寄托在青年人的身上。

世上无难事，只要肯登攀。

大意：只要肯下决心去登攀，世界上任何困难都能克服。

天高云淡，望断南飞雁。不到长城非好汉，屈指行程二万。

六盘山上高峰，红旗漫卷西风。今日长缨在手，何时缚住苍龙？（《清平乐·六盘山》）

大意：辽阔的天空飘着淡淡的白云，放眼望去，只见大雁南飞。若不将长征坚持到底，就不是英雄好汉，屈指算来，从出发到现在，已走过了二万里路程。　　看六盘山的顶峰多高啊，满山的红旗好像可以把西风席卷。现在我们拥有最有力的武器，什么时候才能让反动派束手就擒呢？

团结紧张，严肃活泼。

大意：该团结的时候就团结，该紧张的时候就紧张，该严肃的时候就严肃，该活泼的时候就活泼。

为有牺牲多壮志，敢教日月换新天。

大意：因为太多的壮志才会有牺牲，但我敢令天地翻覆换一副新颜。

下定决心，不怕牺牲，排除万难，去争取胜利。

大意：勇于奋斗，敢于牺牲，战胜一切艰难险阻去取得胜利。

星星之火，可以燎原。

大意：一点点小火星可以烧掉大片原野。比喻开始时微小，但有远大发展前途的新事物。

雄关漫道真如铁，而今迈步从头越。

大意：别说有强敌把守的天险娄山关像铁打的一样牢不可破，如今，红军硬是从关口的头顶跨越过去了。

一唱雄鸡天下白。

大意：公鸡一叫，天就亮了。形容东方破晓，长夜宣告结束。

一个人做点好事并不难，难的是一辈子做好事。

大意：能够坚持一辈子做好事，并非轻易之举。

一切反动派都是纸老虎！

大意：任何反动派都不可怕。

一万年太久，只争朝夕。

大意：一万年的时间太长了，只能争取多多利用早晚的时间。激励人珍惜时间，争分夺秒。

用革命的两手，对待反革命的两手。

大意：指用自己的手段对付别人的手段。

友谊第一，比赛第二。

大意：在比赛中，友谊比比赛更重要。

中国人民从此站起来了！

大意：指中华人民共和国于 1949 年 10 月 1 日正式宣告成立。

中华儿女多奇志，不爱红装爱武装。

大意：赞扬那些踊跃参军的女兵。

钟山风雨起苍黄，百万雄师过大江。虎踞龙盘今胜昔，天翻地

覆慨而慷。宜将剩勇追穷寇，不可沽名学霸王。天若有情天亦老，人间正道是沧桑。(《七律·人民解放军占领南京》)

大意：钟山吹起了惊惶的风雨，百万雄兵渡过了长江。虎踞龙盘的南京今天胜过昨日，面对天翻地覆我慷慨高歌。更应鼓舞余勇猛追穷途末路的敌兵，切不可沽名钓誉学习楚霸王。苍天如生感情苍天也会衰老，人间正途将变沧海为桑田。

自己动手，丰衣足食。

大意：自己亲自生产或劳动，穿的吃的都会很丰富充足。

自力更生，艰苦奋斗。

大意：不怕艰难困苦，坚持英勇斗争，不依赖外力，靠自己的力量重新振作起来，把事情办好。

自信人生二百年，会当水击三千里。

大意：相信人生会有二百年，如果真能活二百年的话，就可以游泳三千里。比喻假如有足够的时间去努力的话，定当实现宏大之志。

第二节　鲁迅的名言佳句

哀其不幸，怒其不争。

大意：对他的不幸遭遇表示同情，而对他的软弱不争则表示愤怒。

不满足是向上的车轮。

大意：不满足可以促进人不断地积极进取。

不在沉默中爆发，就在沉默中灭亡。

大意："沉默"的结果有两种可能：一种是爆发，一种是灭亡，二者必居其一。

度尽劫波兄弟在，相逢一笑泯恩仇。

大意：经历了劫难之后，兄弟之间的情谊依然存在，相逢的时候相视一笑就把过去的恩仇全部忘记了。

躲进小楼成一统，管他冬夏与春秋。

大意：躲进小楼，有个一统的小天下，不管外面有怎样的变化。

横眉冷对千夫指，俯首甘为孺子牛。

大意：横眉冷对众人的指斥、詈骂和诅咒，俯下身子愿为百姓做孺子牛奉献一切。

灵台无计逃神矢，风雨如磐暗故园。寄意寒星荃不察，我以我血荐轩辕。（《自题小像》）

大意：我的心无法避开爱神的箭矢，爱国的激情使我难以抑制。残暴的反动统治像磐石一般，我亲爱的祖国啊，暗无天日。我托天上的寒星转达我的爱国深情，可祖国人民还不能立刻理解我的心意。我要把我的热血和生命奉献给祖国，为中华民族的振兴奋斗出力。

哪里有天才？我是把别人喝咖啡的工夫都用在了工作上了。

大意：世界上没有天才，天才要靠努力和勤奋。

其实地上本没有路，走的人多了，也便成了路。

大意：路是人走出来的，要敢为天下先，敢于披荆斩棘，勇于开拓创新。

岂有豪情似旧时，花开花落两由之。何期泪洒江南雨，又为斯民哭健儿。（《悼杨铨》）

大意：哪里还有过去那样的激情啊！现在，花开还是花落，随它去吧！哪里预料到又一次在江南泪如雨下，为民族失去勇健的男儿而哭泣。

忍看朋辈成新鬼，怒向刀丛觅小诗。

大意：怎忍心看着这么多的朋友被无辜杀害，愤怒地拿起笔来，向刀丛剑树宣战。

时间就是性命。无端的空耗别人的时间，其实是无异于谋财害命的。

大意：劝人要珍惜别人的宝贵时间。

时间就像海绵里的水，只要愿挤，总还是有的。

大意：无论做什么事情，不要推脱说没有时间，只要你真心愿意去做，时间总是有的。

（《史记》是）史家之绝唱，无韵之《离骚》。

大意：这是说《史记》具有很大的历史价值和文学成就。

唯有民魂是值得宝贵的，唯有他发扬起来，中国才有真进步。

大意：强调中华民族之魂的重要性，只有发扬中华民族之魂才能促进中国的真正的进步。

我好像一只牛，吃的是草，挤出来的是奶、血。

大意：我过着最简单的生活，却将我最好、最有价值的东西拿了出来。指重要的不是索取，而是奉献。

我们自古以来，就有埋头苦干的人，有拼命硬干的人，有为民请命的人，有舍身求法的人。

大意：指中国自古以来就有很多勇于承担责任的、脊梁式的人物。

无情未必真豪杰，怜子如何不丈夫。

大意：没有人之常情、一派冷淡的样子不一定是真正意义上的豪杰，爱怜孩子的人哪里就算不上男子汉大丈夫？

心事浩茫连广宇，于无声处听惊雷。

大意：心事茫茫，想得非常遥远，即便是万籁无声，仿佛也能听到人们心中悲愤的怒吼。

血沃中原肥劲草，寒凝大地发春华。

大意：被鲜血洗礼过的中原大地生长的草会更加刚劲，被寒冷凝冻的大地在春天到来时会开出更加艳丽的鲜花。指中国人的不屈不挠、坚强乐观的精神。

以无赖的手段对付无赖，以流氓的手段对付流氓。

大意：以同样的方式和方法去对付别人。

真的猛士，敢于直面惨淡的人生，敢于正视淋漓的鲜血。

大意：真正勇敢的人敢于面对残酷的现实。

第三节　现当代其他人的名言佳句

范文澜

板凳要坐十年冷，文章不写一句空。

大意：做学问不能着急，要坐得住冷板凳。写文章要言之有物，不能讲空话。

李大钊

铁肩担道义，妙手著文章。

大意：坚实的双肩负责起世间的正道情义，灵巧的双手书写出亮丽的诗文篇章。

茅盾

成事不足，败事有余。

大意：不能把事情办好，反而把事情弄坏。多用来指斥办事拙劣或故意不让事情办成的人。

孙中山

顶天立地奇男子，要把乾坤扭转来。

大意：作为一个堂堂正正、志向远大的男子汉，要从根本上改变某个事物的整个局面，使其按照相反的方式去运行。

革命尚未成功，同志仍须努力。

大意：指事情还没办好，还要继续努力才行。

要立志做大事，不要立志做大官。

大意：在确立志向方面，要着眼于做大事而不是做大官。

愿乘风破万里浪，甘面壁读十年书。

大意：希望能够乘长风破万里浪，将来取得重大的成就，为此，我甘愿足不出户地在寒窗之下苦读十年的书。

夏明翰

砍头不要紧，只要主义真。杀了夏明翰，还有后来人。（《就义诗》）

大意：只要所追求的主义是真理，死并不要紧。把我夏明翰杀了，还有大批的革命后代。

叶圣陶

教是为了不教。

大意：老师教学要教给学生正确的学习方法，使他们能够依靠自己的自学来进行学习，从而达到不需老师教学生自己也能学的目的。

臧克家

有的人活着，他已经死了。有的人死了，他还活着。

大意：有的人虽然没死，但是在精神上他已经死掉了。有的人虽然死了，但是他的精神依然存在。

周恩来

大江歌罢掉头东，邃密群科济世穷。十年面壁图破壁，难酬蹈海亦英雄。（《大江歌罢掉头东》）

大意：唱罢“大江东去”，毅然掉头东渡日本，以掌握各门学科来拯救濒临绝境的中国。十年寒窗为的正是要让中国这条东方睡龙振奋起来，昂首腾飞。如果理想实现不了，即使跳海而死，也称得上英雄。

为中华之崛起而读书。

大意：为了中华民族的振兴而认真读书。

与有肝胆人共事，从无字句处读书。

大意：与有理想、有抱负、人格高尚的人一起做事，善于从日常生活中进行学习。

第十二章
《三字经》《名贤集》《增广贤文》中的名言佳句

第一节 《三字经》中的名言佳句

人之初，性本善。性相近，习相远。苟不教，性乃迁。教之道，贵以专。

大意：人生下来的时候性情都是好的，只是由于后天的学习环境不一样，也就有了好与坏的差别。如果从小不好好教育，善良的本性就会变坏。为了使人不变坏，最重要的方法就是要专心一致地去教育孩子。

养不教，父之过。教不严，师之惰。

大意：仅仅是供养儿女吃穿，而不好好教育，是父亲的过错。只是教育，但不严格要求就是做老师的懒惰了。

勤有功，戏无益。

大意：勤奋就会有所成就，嬉戏玩耍就没一点好处。

人不学，不如物。

大意：人要是不懂得学习，以自己的知识、技能来实现自己的价值，那就还不如动物。

十干者，甲至癸。十二支，子至亥。

大意："十干"指的是甲、乙、丙、丁、戊、己、庚、辛、壬、癸，又叫"天干"。"十二支"指的是子、丑、寅、卯、辰、巳、午、未、申、酉、戌、亥，又叫"地支"。

头悬梁，锥刺股。

大意：因怕困倦影响学习，把头发束起来吊在屋梁上，用锥子刺大腿。形容勤学苦读。

为人子，方少时。亲师友，习礼仪。

大意：做儿女的，从小就要亲近老师和朋友，以便从他们那里学习到许多为人处事的礼节和知识。

一而十，十而百，百而千，千而万。

大意：一到十是基本的数字，然后十个十是一百，十个一百是一千，十个一千是一万。

玉不琢，不成器。人不学，不知义。

大意：玉不打磨雕刻，不会成为精美的器物；人若是不学习，就不懂得礼仪，不能成才。

子不学，非所宜。幼不学，老何为？

大意：孩子不学习，是不对的。人小时候不学习，到老的时候能有什么用呢？

第二节　《名贤集》中的名言佳句

财高气壮，势大欺人。

大意：钱财多说话就豪壮，权力大就会欺压人。

常说是非者，便是是非人。

大意：常来说别人坏话的人，他便是拨弄是非，挑拨离间的人。

厨中有剩饭，路上有饥人。

大意：有的人家，饭菜吃不完，在厨房里剩着，有的人饿着肚子在路边啼饥号寒。

从前多少事，过去一场空。

大意：无论过去做过多少事情，现在不努力就变成无用的了。

但行好事，莫问前程。

大意：只管做好事，不必考虑以后的事。

得人一牛，还人一马。

大意：得到别人的一条牛，还给人家一匹马。指知恩图报，回报人家更多的东西。

得荣思辱，处安思危。

大意：获得荣誉的时候，不要沾沾自喜，应想到受屈辱的时候；处于安乐的时候，不要麻痹大意，应警惕危险发生。

寒门生贵子，白屋出公卿。

大意：贫寒家庭也能培养出显贵的人，贫苦人家也能出大官。

家贫知孝子，国乱识忠臣。

大意：家境贫困时才能看出谁是孝子，国家危难时才能识别谁是忠臣。

见事知长短，人面识高低。

大意：看事做得如何就知道谁好谁坏，看人的面色就知道谁善谁恶。

酒逢知己千杯少，话不投机半句多。

大意：饮酒时遇到情投意合的朋友，即使喝上千杯都觉得不够。如果话不投机，没有共同语言，说起话来半句都嫌多余。

良言一句三冬暖，恶语伤人六月寒。

大意：体贴人的话语，使人冬天也觉得温暖；伤害人的话语，让人六月天也觉得寒冷。

量小非君子，无度不丈夫。

大意：气量狭小，不是德行高迈者的胸襟，度量不宽，不是大丈夫的所为。

临崖勒马收缰晚，船到江心补漏迟。

大意：面临悬崖绝壁才勒马拽缰已经来不及了；事先不修补好船舱的漏洞，等船到了江心再去修补可就晚了。

满怀心腹事，尽在不言中。

大意：一肚子的心事，不知从何说起，只好不说。

年老心未老，人穷志不穷。

大意：人的年龄会随着时光而衰老，但心志不应衰微。人即使处于贫困之中，但心志不应泯灭。

贫居闹市无人问，富在深山有远亲。

大意：人穷了住在闹市也没人愿意去，人富了住得再偏远也会有人去登门。

妻贤夫祸少，子孝父心宽。

大意：家里有贤惠的妻子，丈夫烦心事就少；儿子如果知孝，父亲可以放宽心了。

劝君莫作亏心事，古往今来放过谁。

大意：劝你别做亏心的事，古往今来，谁干坏事谁就没有好下场。

人贫志短，马瘦毛长。

大意：人穷了往往没有志气，马瘦了必然显得毛长。

人为财死，鸟为食亡。

大意：人为争财而死，鸟为抢食而亡。

杀人可恕，情理难容。

大意：杀人有时还可以宽恕，但伤天害理的事却是难以容忍的。指不能容忍。

上山擒虎易，开口告人难。

大意：进山里去捉老虎比向人张口求办事要容易。

是非只为多开口，烦恼皆因强出头。

大意：引起纠纷争端只因为说话多，带来烦恼只因为争强好胜、想出风头。

相争告人，万种无益。

大意：为了某件事跟人发生争执时，诉说这人如何如何不好，这样做没有任何益处。

言多语失，食多伤心。

大意：说话过多定会出错，吃食过多定会伤害身心。

一马不备双鞍，忠臣不事二主。

大意：一匹马不套两个鞍，忠臣不服侍两个君主。

忠臣不怕死，怕死不忠臣。

大意：忠臣一心为国，置个人生死于度外。计较个人得失，趋利保命保官的人当不了忠臣。

第三节 《增广贤文》中的名言佳句

百世修来同船渡，千世修来共枕眠。

大意：夫妻之间的结合是长期修来的，应当好好保护和珍惜。

长江后浪推前浪，世上新人赶旧人。

大意：长江后浪推动前浪，世上新人层出不穷。

常将有日思无日，莫把无时当有时。

大意：生活好时要多想想生活差的时候，不要把本不好的境况当成好日子。

城门失火，殃及池鱼。

大意：城门失火，大家都到护城河取水，水用完了，鱼也死了。比喻因受连累而遭到损失或祸害。

差之毫厘，失之千里。

大意：细微的失误，可导致巨大的差错。

从俭入奢易，从奢入俭难。

大意：从勤俭到奢侈、享受很容易，但要从享受再回到艰苦中去就很难适应了。

但存方寸地，留与子孙耕。

大意：给子孙后代留下一些可耕之地。也指留下一颗善良的心，传给后代教育子孙。

但将冷眼看螃蟹，看你横行到几时。

大意：用冷冷的眼光盯着横行霸道的人，看你还能横行多久？意指对恶人的蔑视。

但看三五日，相见不如初。

大意：不信你短短观察几天，就不如初次的印象好了。

道吾好者是吾贼，道吾恶者是吾师。

大意：吹捧自己的人是别有用心的人，批评自己的人才是自己的老师。

读书须用意，一字值千金。

大意：读书只有下苦工夫，才会有文辞精妙的文章。

儿孙自有儿孙福，莫为儿孙作马牛。

大意：孩子们自然会有他们的生活和乐趣，不要为他们当牛作马枉自劳神。

凡人不可貌相，海水不可斗量。

大意：看人不能只看表面，海水是不能用斗衡量的。指观察问题要客观全面。

凡事要好，须问三老。

大意：凡事要办好，必须向有学问、有道德的人请教

（三老：指古代教化的乡官）。

逢人且说三分话，未可全抛一片心。

大意：对人说话要留有余地，不要一吐为快，不能把心全部交给别人。

父母恩深终有别，夫妻义重也分离。

大意：与父母恩情再深终究会离开的，夫妻之间感情再重也不会永远在一起。

富人思来年，穷人思眼前。

大意：富裕的人考虑得长远，贫穷的人常考虑眼前。

根深不怕风摇动，树正无愁月影斜。

大意：树根长得深就不怕风把树摇动，树长得正就不怕月影歪斜。意指自己正确，就不怕别人议论指责。

古人不见今时月，今月曾经照古人。

大意：过去的人不会见到今天的月亮，而今天的月亮曾经照耀过过去的人。用于慨叹人生短暂，而岁月无穷。

观今宜鉴古，无古不成今。

大意：观察今天的事情，应该借鉴过去的历史，如果没有过去，那么就没有今天。

光阴似箭，日月如梭。

大意：光阴快得像射出的箭，日月走得像织布机上的梭。指时间过得很快。

国乱思良将，家贫思贤妻。

大意：国家动乱时，盼望贤才良将；家庭贫困时，思念贤惠善良的妻子。

好事不出门，恶事传千里。

大意：好事不容易传出去，坏事很快便传得到处都知。

好言难得，恶语易施。

大意：说好话很难，讲坏话很容易。

红粉佳人休使老，风流浪子莫教贫。

大意：漂亮的女人不要让她变老，风流浪子不要让他贫困。

虎生犹可近，人熟不堪亲。

大意：与没见过的老虎还可以亲近，但与很熟悉的人不能够太亲。

画水无风空作浪，绣花虽好不闻香。

大意：画中的水浪是不会动的，布上绣的花再鲜也闻不到它的香味。

黄河尚有澄清日，岂可人无得运时。

大意：黄河水泥沙很多，但也有水清的时候，人怎么可能没有运气好的时候呢？

黄金未为贵，安乐值钱多。

大意：黄金没什么可贵的，安静快乐的生活才是最重要的。

见官莫向前，做客莫在后。

大意：在觐见官员时候，不要争风头，要低调，以防有事；在当客人的时候，千万不能矜持客气，否则就没了好处，要吃亏。

见者易，学者难。

大意：在旁边看人家觉得容易，轮到自己学和做就觉得难了。

将军额上能跑马，宰相肚里能撑船。

大意：将相和公侯等高级官员额头上能跑马，宰相的肚子里能撑船。指肚量大，风格高。

结交须胜己，似我不如无。

大意：结交朋友应该找超过自己的人，和自己差不多或不如自己的人不如不交。

今朝有酒今朝醉，明日愁来明日忧。

大意：今天有酒今天就喝醉，明天的忧愁烦恼明天再说。

近水知鱼性，近山识鸟音。

大意：离水近能知道鱼的情况，常在山里走过，能分辨各种鸟的声音。

久住令人贱，频来亲也疏。

大意：长久在别人家里住就会被人家嫌弃；来往得太频繁了亲戚也会疏远你。

酒逢知己饮，诗向会人吟。

大意：酒要与了解自己的人去喝，诗要向懂得的人去说。

酒中不语真君子，财上分明大丈夫。

大意：喝酒时不乱说话是好样的，钱财上清楚才是有作为的人。

酒债寻常行处有，人生七十古来稀。

大意：喝酒欠债的事到处都有，但人活到七十岁的情况自古以来就不多。

惧法朝朝乐，欺公日日忧。

大意：遵纪守法时时平安快乐；欺骗公正，无视道德，只能落得天天烦恼。

君子爱财，取之有道。

大意：君子喜欢财富，但要来得正当。

枯木逢春犹再发，人无两度再少年。

大意：枯木到了春天会再次发芽的，但人老了不会再度还童，必须珍惜时光。

来如风雨，去似微尘。

大意：来时惊动很大，走时没有任何声响。

来说是非者，便是是非人。

大意：来传播是非的人，就是拨弄是非的人。

力微休负重，言轻莫劝人。

大意：力气太小的人无法承担太大的重量，说话不被人重视，就不要再去劝解别人。

两人一般心，无钱堪买金；一人一般心，有钱难买针。

大意：两个人一条心，日子越过越好；反之则越过越穷，一事无成。

留得五湖明月在，不愁无处下金钩。

大意：只要有五湖在，就会有鱼钓，意思是保住了根本就好。

流水下滩非有意，白云出岫本无心。

大意：水从山上流下滩不是有意的，白云从山洞中穿过也是无心的。指世上有许多事，都是机缘巧合，天意安排，非人力所能更改。

龙生龙子，虎生豹儿。

大意：龙生龙，凤生凤的意思。

路逢侠客须呈剑，不是才人莫献诗。

大意：在路上遇到了侠客应该呈上宝剑，如果对方不是才子，就不要献上诗。指接人待物要看对象。

路逢险处难回避，事到头来不自由。

大意：行路遇到险峻的地方很难回避，困难的事情落到身上必须面对。

路遥知马力，事久见人心。

大意：路途遥远才知道马的力气，相处长了才了解人心。

茫茫四海人无数，哪个男儿是丈夫。

大意：许许多多的人当中，有几个是有作为的人呢？

马行无力皆因瘦，人不风流只为贫。

大意：马跑不起来都是因为太瘦、没力气，人不能扬眉吐气是因为穷。

美不美，乡中水，亲不亲，故乡人。

大意：对故乡的东西倍感美好，对同乡的人倍感亲切。

命里有时终须有，命里无时莫强求。

大意：命中注定有的肯定会有，命中注定没有的不必强求，一切听从命运的安排。

磨刀恨不利，刀利伤人指。

大意：磨刀都想着要磨得锋利，但刀锋利会伤人的手指头。

莫道君行早，更有早行人。

大意：别说你出发得早，还有比你更早的人。指事情已被别人抢先做了。

莫笑他人老，终须还到老。

大意：不要笑话别人老，自己总有一天也会老的。

莫信直中直，须防仁不仁。

大意：不要太相信什么正直无私，对任何人都要提高警惕。

闹里有钱，静处安身。

大意：闹市是赚钱的地方，只有安静的地方才能休养身体。

年年防饥，夜夜防盗。

大意：每年都要防饥荒，每天夜里都要防备有盗贼。意指事事要注意。

念念有如临敌日，心心常似过桥时。

大意：人要常警觉，处处小心谨慎，就像走路过桥一样不要大意。

宁可人负我，切莫我负人。

大意：宁可别人对不起我，不要我对不起别人。

宁可信其有，不可信其无。

大意：宁愿相信它有，不可相信它没有。指做事要有充分的准备。

宁可正而不足，不可邪而有余。

大意：宁肯正派行事不够，也不可走邪路。

宁向直中取，不可曲中求。

大意：宁可正直做人，不可委曲迁就，以求保全。

千经万典，孝悌为先。

大意：千万种经典讲的道理中，孝顺父母、友爱兄弟是最应该先做到的。

钱财如粪土，仁义值千金。

大意：钱财没有什么重要的，价值千金的是仁义和道德。

强中更有强中手，恶人须用恶人磨。

大意：强人外边还有强人，坏人自会有人来对付。

墙有逢，壁有耳。

大意：墙壁透风，隔墙有耳，要时时提防。

秋至满山多秀色，春来无处不花香。

大意：秋天一到，漫山遍野充满秀丽的景色；春天来临，四面八方散发着花香。

求财恨不得，财多害自己。

大意：寻求财富的时候总嫌少，但钱多了也会害人。

求人须求大丈夫，济人须济急时无。

大意：求人要求英雄，接济人要接济那些急时没有办法的人。

饶人不是痴汉，痴汉不会饶人。

大意：宽以待人是通晓事理的人，而不通晓事理的愚笨人是不会宽以待人的。

人贫不语，水平不流。

大意：人穷了不要说话，水平了不会流动。指穷人没有说话的地方。

人恶人怕天不怕，人善人欺天不欺。

大意：人们都害怕恶人，但天不怕；善良的人常常被人欺负，但天不会欺负。

人各有心，心各有见。

大意：每个人都有心，对事物的理解和认识却各有不同。

人老心未老，人穷志莫穷。

大意：一个人老了，但壮心不老，一个人虽然穷但志气不穷。

人情似纸张张薄，世事如棋局局新。

大意：人情像纸一样十分脆薄，世界上的事如棋局一样变化万千。

人善被人欺，马善被人骑。

大意：人善良了会被人欺负，马老实了，谁都可以骑。

人生不满百，常怀千岁忧。

大意：人的寿命不会过百岁，却常常为了千年的事情忧虑。

人生似鸟同林宿，大限来时各自飞。

大意：人们像鸟一样同宿在一片林子里，到寿命终了时却各奔西东。

人生一世，草生一春。

大意：一生一世像草生一春一秋一样非常短暂。

人无横财不富，马无夜草不肥。

大意：人如果没有不义之财不会富，夜里不给马加草料马不能养肥。

人无千日好，花无百日红。

大意：人不会总是一帆风顺，花不会长久鲜艳。意指没有一成不变的事。

人心似铁，官法如炉。

大意：即便人心如铁石，也会在如炉的官法中熔化。

忍得一时之气，免得百日之忧。

大意：遇到生气的事情忍一忍就过去了，免得惹出以后长期的烦恼。

入山不怕伤人虎，只怕人情两面刀。

大意：不怕上山遇到伤人的老虎，只怕人与人之间两面三刀。

三杯通大道，一醉解千愁。

大意：几杯酒喝下去，什么道理都通了，如果醉了什么忧愁烦恼也消失了。

杀人一万，自损三千。

大意：伤害别人的同时，自己也会受到损失。

山中也有千年树，世上难逢百岁人。

大意：世间千年以上的树是有的，但百岁以上的人却不多见。

山中有直树，世上无直人。

大意：山林里有长得笔直的树，而人世间却没有直率的人。

少壮不努力，老大徒伤悲。

大意：年纪小的时候不努力学习上进，等到年纪大了只有枉自悲伤了。

深山毕竟藏猛虎，大海终须纳细流。

大意：深山之中藏匿着凶猛的老虎，大海需要吸纳涓涓细流。

十年窗下无人问，一举成名天下知。

大意：十年寒窗苦读无人知晓，一下子成了名后天下人都知道了。

使口不如自走，求人不如求己。

大意：要别人去干不如自己动手去干，求人不如自己亲自去办。指用嘴求别人不如自己行动。

士者国之宝，儒为席上珍。

大意：读书之人是国家的宝贝，懂得礼义的人是国家的栋梁。

世间好语书说尽，天下名山僧占多。

大意：世界上的好话让各种书籍都说尽了，天下有名的山多数都让僧侣占去了。

是非终日有，不听自然无。

大意：是非每天都会有，不去听自然也就消失了。

是亲不是亲，非亲却是亲。

大意：是亲人不当亲人待，不是亲人却当亲人看。

守口如瓶，防意如城。

大意：说话谨慎，严守秘密。严格遏止私心杂念，像守城防敌一样。

谁人背后无人说，哪个人前不说人。

大意：什么人背后不被人说，又有谁在别人面前不去议论人呢？

送君千里，终须一别。

大意：送人送得再远，最后也要分别。

天上众星皆拱北，世间无水不朝东。

大意：天上的星星都环绕着北斗星，世界上的所有河流最后都要归于大海。

同君一席话，胜读十年书。

大意：同你（有修养的人）一席话，胜过读了十年书，受益匪浅。

万事劝人休瞒昧，举头三尺有神明。

大意：劝人做任何事情都不要昧着良心，在你的头上三尺处有神灵在看着你呢。

未晚先投宿，鸡鸣早看天。

大意：指出门在外，要找到地方休息；早起床，多保重，不耽误时间。

无钱休入众，遭难莫寻亲。

大意：没有钱不要到人前去，境遇不好的时候，不要去寻亲探友。

息却雷霆之怒，罢却虎狼之威。

大意：平息雷霆一般的怒火，了却狼虎一般的威风。也就是指不能发太大的火，不要耍什么威风。

相逢好似初相识，到老终无怨恨心。

大意：人与人每次见面，如果都好像当初刚认识那样（互相有礼有节），那么，即使相处到老，也始终不会相互有怨恨之心产生了。

相见易得好，久住难为人。

大意：一两次接触容易处理好关系，长期在一起关系就难处了。

相识满天下，知心能几人。

大意：认识的人很多，可彼此知心的没有几个。

小时是兄弟，长大各乡里。

大意：过去在一起，长大后却各奔东西。

许人一物，千金不移。

大意：答应给别人的东西即使有人以千金相换也不能反悔。

衙门八字开，有理无钱莫进来。

大意：告状、打官司，不管有理没理，没有钱通融就不要去了。

药能医假病，酒不解真愁。

大意：药对假病起作用，喝酒却不能解除真正的忧愁。

一家有女百家求，一马不行百马忧。

大意：一家有姑娘，很多人都来求亲；一匹马不走，百匹马也走不了，指因一个人耽误大家的事。

一举首登龙虎榜，十年身到凤凰池。

大意：一下子考中出了名，但没有十年的努力是不可能接近皇帝的。

一年之计在于春，一日之计在于晨，一家之计在于和，一生之计在于勤。

大意：一年中最好的时光在春天，一天中最好的时光在早晨，一家人最重要的是和睦，人的一生最重要的是勤奋。

一人传虚，百人传实。

大意：一个人说假话，但经过许多人这么一传，便成真的一样了。指以讹传讹，信以为真。这样做害人害己。

一言既出，驷马难追。

大意：一句话说出了口，就是套上四匹马拉的车也难追上。指话说出口，就不能再收回，一定要算数。

易涨易退山溪水，易反易覆小人心。

大意：山溪里的水随着季节常涨常退，不明事理的小人反复无常、变化不定。

因风吹火，用力不多。

大意：凭借风力吹火，有点力气就行。指凭借别人的力量达到某种目的。

有茶有酒多兄弟，急难何曾见一人。

大意：一个人有身份有地位的时候朋友很多，但到了危难不行的时候却没人与之交往。

有田不耕仓廪虚，有书不读子孙愚。

大意：有田不耕仓库就会空虚，有书不读子孙就会愚笨。

遇饮酒时须饮酒，得高歌处且高歌。

大意：只要有机会喝酒的就喝，只要有玩的地方就玩，指及时行乐。

远水难救近火，远亲不如近邻。

大意：用远水救火是难以办到的，再好的亲戚也不如近处的邻居有用。

月到十五光明少，人到中年万事休。

大意：月亮到了十五以后会一天比一天减少光亮，人到中年后也不会再有什么大的发展了。

运去金成铁，时来铁似金。

大意：运气不好时金子可能变成铁，运气到来时铁也可能变成金。

在家不会迎宾客，出外方知少主人。

大意：在家的时候，如果不知道如何迎接宾客，那么外出的时候，才知道你要拜访的地方缺少主人的关心。

在家由父，出嫁从夫。

大意：在家里听从父亲的，出嫁后则服从丈夫。

知己知彼，将心比心。

大意：知道自己，了解别人，设身处地为别人着想，体会别人的感受。

知事少时烦恼少，识人多处是非多。

大意：知道的事情少烦恼自然也会少，认识的人多可能是非也会多。

知足常乐，终身不辱。知止常止，终身不耻。

大意：知道满足的人会常常感到快乐，一生不会因为自己不如别人而感到耻辱；知道适可而止的人，不会因为做事过分而觉得羞耻。

附录

小学语文课本中的诗词、名言佳句、俗语、歇后语等

一年级上册

一去二三里，烟村四五家。楼台六七座，八九十枝花。（宋·邵雍《一去二三里》）

大意：我到外面游玩，不知不觉离家已有两三里地，看到不远处的小村庄里，有四五户人家已经冒起了炊烟。我信步走来，又看到路边有六七处精美的亭台楼阁，独自静静观赏，才发现身边的树枝上挂着八九朵，哦，不，十朵花，真是赏心悦目！

鹅，鹅，鹅，曲项向天歌，白毛浮绿水，红掌拨清波。（唐·骆宾王《咏鹅》）

大意：鹅，鹅，鹅，弯弯的脖子对天唱着歌。一身白毛浮在绿水上，一对红掌拨起清水波。

远看山有色，近听水无声。春去花还在，人来鸟不惊。（清·高鼎《画》）

大意：在远处可以看清山有青翠的颜色，在近处却听不到流水的声音。春天过去了但花儿还是常开不败，人走近了，枝头上的鸟儿却纹丝不动。

头上红冠不用裁，满身雪白走将来。平生不敢轻言语，一叫千门万户开。（明·唐寅《画鸡》）

大意：鸡头上鲜红的帽子用不着裁剪，它满身雪白，走了

过来。一生中它从来不敢轻易说话，而一旦叫起来的话，千门万户都会打开。

床前明月光，疑是地上霜。举头望明月，低头思故乡。（唐·李白《静夜思》）

大意：坐在井床上看天上明月洒在地上的月光，宛如层层的白霜。仰首看那空中的一轮明月，不由得低下头来沉思，更加想念自己的故乡。

锄禾日当午，汗滴禾下土。谁知盘中餐，粒粒皆辛苦。（唐·李绅《悯农二首》之一）

大意：炎炎烈日的中午在田里给禾苗锄草，汗都滴在了禾苗下的土里。有谁知道碗里的饭，一粒粒都是辛苦所得啊？

一年级下册

初三初四蛾眉月，十五十六月团圆。

大意：农历初三初四的时候，月亮是弯弯的，而农历十五十六的时候，月亮是圆圆的。

朝看太阳辨东西，夜望北斗知南北。

大意：早晨靠看太阳来分辨东西方向，晚上靠看北斗星来了解南北方向。

蜻蜓低飞江湖畔，即将有雨在眼前。

大意：蜻蜓在江河或者湖边低飞的话，说明马上就要下雨了。

大雁北飞天将暖，燕子南归气转寒。

大意：大雁往北方飞，说明天气将变暖，燕子回归南方，说明天气将转寒。

一场秋雨一场寒，十场秋雨要穿棉。

大意：立秋之后，每下一次雨天气就会变凉一些，下了十场秋雨后，人们就要穿上棉衣。

春眠不觉晓，处处闻啼鸟。夜来风雨声，花落知多少？（唐·孟浩然《春晓》）

大意：春天的早上，我睡得特别香甜，不知不觉已经天亮了，我听见了处处的鸟鸣。昨夜风雨的声音还在耳边回响，不知道花儿被风雨吹落、打落了多少？

草长莺飞二月天，拂堤杨柳醉春烟。儿童散学归来早，忙趁东风放纸鸢。（清·高鼎《村居》）

大意：绿草茂盛，黄莺飞舞，正是二月早春，轻拂堤岸的杨柳沉醉在烟雾之中。乡间的孩子们放学回来得很早，一个个借着东风愉快地放起了风筝。

牧童骑黄牛，歌声振林樾。意欲捕鸣蝉，忽然闭口立。（清·袁枚《所见》）

大意：牧童骑在黄牛背上，嘹亮的歌声在林中回荡。忽然想要捕捉树上鸣叫的知了，就马上停止唱歌，一声不响地站立在树下。

泉眼无声惜细流，树阴照水爱晴柔。小荷才露尖尖角，早有蜻蜓立上头。（宋·杨万里《小池》）

大意：泉眼悄然无声是珍惜细细的水流，树阴倒映水面是它喜欢晴日的温柔。小小的嫩荷刚露出紧裹的叶尖，早飞来可爱的蜻蜓站立在上头。

二年级上册

尺有所短，寸有所长。（先秦·屈原）

大意：尺有它的短处，寸有它的长处。比喻各有长处，也各有短处，彼此都有可取之处。

一叶障目，不见泰山。（也叫“一叶蔽目，不见泰山”。《鹖冠

子》)

大意：一片树叶挡住了眼睛，连面前高大的泰山都看不见。比喻为局部现象所迷惑，看不到全局或整体。

人心齐，泰山移。

大意：人多力量大。

人多计谋广，柴多火焰高。

大意：团结就是力量。

一根筷子容易折，一把筷子难折断。

大意：团结就是力量。

树多成林不怕风，线多搓绳挑千斤。

大意：团结就是力量。

一花独放不是春，百花齐放春满园。

大意：大家好才是真的好。

荷尽已无擎雨盖，菊残犹有傲霜枝。一年好景君须记，最是橙黄橘绿时。(宋·苏轼《赠刘景文》)

大意：荷叶败尽，像一把遮雨伞似的叶子和根茎再也不像夏天那样亭亭玉立；菊花也已枯萎，但那傲霜挺拔的菊枝在寒风中依然显得生机勃勃。别以为一年的好景将尽，你必须记住，最美丽的景色是在初冬橙黄橘绿的时节啊！

远上寒山石径斜，白云深处有人家。停车坐爱枫林晚，霜叶红于二月花。(唐·杜牧《山行》)

大意：沿着弯弯曲曲的小路上山，在那白云深处，居然还有人家。停下车来，是因为喜爱这深秋的枫林晚景。枫叶被秋霜染过，比二月春花还红。

少小离家老大回，乡音无改鬓毛衰。儿童相见不相识，笑问客从何处来。(唐·贺知章《回乡偶书》)

大意：青年时离乡老年才归来，口音未变却已鬓发疏落容颜衰老。村童看见我却不相识，笑着问我这客人从何处而来。

李白乘舟将欲行，忽闻岸上踏歌声。桃花潭水深千尺，不及汪伦送我情。（唐·李白《赠汪伦》）

大意：我坐上船将要远行，忽然听到岸边上有踏歌声。桃花潭的水即使有千尺深，也比不上汪伦为我送别的情谊深！

二年级下册

花要叶扶，人要人帮。

大意：花的开放，需要绿叶来提供支持；人的发展，需要他人来提供帮助。

赠人玫瑰，手有余香。

大意：把玫瑰送给别人，自己手里也会留下玫瑰的清香。指将自己的快乐与别人分享，也就得到了分享别人快乐的机会。

诚心能叫石头落泪。

大意：人的诚心所至，能感动天地，使石头也为之落泪。比喻只要带有诚意去做，什么疑难问题都能解决。

读书百遍，其义自见。（西晋·陈寿）

大意：读书的次数多了，书的意思自然就会领会。指书要熟读才能真正领会。

人外有人，天外有天。

大意：强中更有强中手，一山更比一山高。

离离原上草，一岁一枯荣。野火烧不尽，春风吹又生。远芳侵古道，晴翠接荒城。又送王孙去，萋萋满别情。（唐·白居易《草》）

大意：古原上的野草乱生乱长，每年春来茂盛秋来枯黄。任凭野火焚烧，春风一吹依旧蓬勃生长。远处芳草掩没古老驿道，延至荒城一片翠绿清朗。春绿草长又送游子远去，萋萋乱草可比满腹离伤。

篱落疏疏一径深，树头花落未成阴。儿童急走追黄蝶，飞入菜花无处寻。（宋·杨万里《宿新市徐公店》）

大意：在稀稀落落的篱笆旁，有一条小路伸向远方，路旁树上的花已经凋落了，而新叶才刚刚长出，还没有形成树阴。儿童们奔跑着，追扑翩翩飞舞的黄色的蝴蝶，可是黄色的蝴蝶飞到黄色的菜花丛中，孩子们再也分不清、找不到它们了。

敕勒川，阴山下，天似穹庐，笼盖四野。天苍苍，野茫茫，风吹草低见牛羊。（北朝·无名氏《敕勒歌》）

大意：敕勒人生活的原野在阴山脚下，这里的天幕像毡帐篷一样笼罩着辽阔的大地。苍天浩渺无边，草原茫茫无际，每当大风吹来草儿低伏的时候，放牧的牛羊就显现出来。

日照香炉生紫烟，遥看瀑布挂前川。飞流直下三千尺，疑是银河落九天。（唐·李白《望庐山瀑布》）

大意：在阳光照射下香炉峰生起紫色的烟霞，遥望瀑布像白色绸带挂在山川间。飞流直下的水似有几千尺，使人怀疑那是银河泻落人间。

两个黄鹂鸣翠柳，一行白鹭上青天。窗含西岭千秋雪，门泊东吴万里船。（唐·杜甫《绝句》）

大意：两只黄鹂站在翠绿的柳枝上鸣唱，一行白鹭飞向蓝天。远远地可以看到窗外岷山上千年不化的积雪，门外停靠着来自万里之外的东吴的航船。

春雨惊春清谷天，夏满芒夏暑相连。秋处露秋寒霜降，冬雪雪冬小大寒。（无名氏·《二十四节气歌》）

大意："春雨惊春清谷天"是指立春、雨水、惊蛰、春分、清明、谷雨等六个节气；"夏满芒夏暑相连"是指立夏、小满、芒种、夏至、小暑、大暑等六个节气；“秋处露秋寒霜降”是指立秋、处暑、白露、秋分、寒露、霜降等六个节气；“冬雪雪冬小大寒”是指立冬、小雪、大雪、冬至、小寒、大寒等六个节气。

三年级上册

世上无难事，只要肯登攀。（毛泽东）

大意：世界上并没有什么困难的事，只要你肯努力去做。

为中华之崛起而读书。（周恩来）

大意：为了中华民族的振兴而认真读书。

任何成就都是刻苦劳动的结果。（宋庆龄）

大意：只有刻苦劳动才能有所成就。

温故而知新。

大意：温习旧的知识因而获得新的知识。

三人行，必有我师焉。

大意：三个人当中必定有一个人可以当我师傅。

学而时习之，不亦说乎？

大意：学了又时常温习和练习，不是很愉快吗？

知之为知之，不知为不知，是知也。

大意：知道就是知道，不知道就是不知道，这就是聪明的态度。

上有天堂，下有苏杭。

大意：天上最美的地方是天堂，而地上最美的地方是苏州和杭州。

峨眉天下秀，三峡天下雄。

大意：峨眉山是天下最秀丽的地方，三峡是天下最雄伟的地方。

五岳归来不看山，黄山归来不看岳。

大意：从五岳回来后，其他的山都不要看了；从黄山回来后，五岳也不要看了。常用于赞美黄山的美丽。

桂林山水甲天下，阳朔山水甲桂林。

大意：桂林山水是天下风景最好的，而阳朔山水又是桂林山水中风景最好的。指阳朔风景十分美丽。

明月松间照，清泉石上流。（唐·王维）

大意：明月透过松林撒落斑驳的静影，清泉轻轻地在大石上叮咚流淌。

千里莺啼绿映红，水村山郭酒旗风。（唐·杜牧）

大意：江南大地鸟啼声声绿草红花相映，水边村寨山麓城郭处处酒旗飘动。

江碧鸟逾白，山青花欲燃。（唐·杜甫）

大意：江水碧绿衬出江鸟的毛色更白，山色青翠衬出山花的灿烂如火。

山重水复疑无路，柳暗花明又一村。（南宋·陆游）

大意：山重峦叠嶂，水迂回曲折，正怀疑前面没有路，突然出现了一个柳绿花红的小山村。比喻尽管前路困难重重，但前途总是光明的。

水南水北重重柳，山后山前处处梅。（北宋·王安石）

大意：水的两岸都是柳树，山的四周都是梅花。

千里之行，始于足下。

大意：千里的远行，是从脚下第一步开始走出来的。

百尺竿头，更进一步。（北宋·释道原）

大意：比喻在取得很高的成就后争取更高的成就。

耳听为虚，眼见为实。

大意：亲眼看见的比听说的要真实可靠。

人无完人，金无足赤。

大意：没有十全十美的人和事物。

人之初，性本善。性相近，习相远。(《三字经》)

大意：人生下来的时候性情都是好的，只是由于后天的学习环境不一样，也就有了好与坏的差别。

子不学，非所宜。幼不学，老何为。(《三字经》)

大意：孩子不学习，是不对的。人小时候不学习，到老的时候能有什么用呢?

玉不琢，不成器。人不学，不知义。(《三字经》)

大意：玉不打磨雕刻，不会成为精美的器物；人若是不学习，就不懂得礼仪，不能成才。

为人子，方少时。亲师友，习礼仪。(《三字经》)

大意：做儿女的，从小就要亲近老师和朋友，以便从他们那里学习到许多为人处事的礼节和知识。

蓬头稚子学垂纶，侧坐莓苔草映身。路人借问遥招手，怕得鱼惊不应人。(唐·胡令能《小儿垂钓》)

大意：一个头发蓬乱的小孩子正在学习垂钓，侧身坐在青苔上，绿草映衬着他的身影。遇到有人问路他老远就招着小手，唯恐鱼儿被吓跑而不敢大声应答。

萧萧梧叶送寒声，江上秋风动客情。知有儿童挑促织，夜深篱落一灯明。(宋·叶绍翁《夜书所见》)

大意：萧萧秋风吹动梧叶，送来阵阵寒意，客游在外的诗人不禁思念起自己的家乡。他忽然看到远处篱笆下的灯火，料想是孩子们在捉蟋蟀。这幅图景令他倍感亲切，也许他由此想起了自己的家乡和童年吧。

独在异乡为异客，每逢佳节倍思亲。遥知兄弟登高处，遍插茱萸少一人。(唐·王维《九月九日忆山东兄弟》)

大意：我独自一个人在他乡做陌生的客人，常常想念家乡，而每逢欢庆佳节时，就更加思念家中的亲人。我在遥远的异乡想象着，今天兄弟们登高的时候，大家插戴茱萸，就少了我一个人。

天门中断楚江开，碧水东流至此回。两岸青山相对出，孤帆一片日边来。（唐·李白《望天门山》）

大意：天门山从中间断开，给楚江让出奔泻的通道，碧绿的江水，滚滚东流到这里，可是又旋转向北流去。两岸青山相对峙，双峰耸立，在那天水相接之处，一片白帆沐浴着灿烂的阳光，从天边飘来。

水光潋滟晴方好，山色空蒙雨亦奇。欲把西湖比西子，淡妆浓抹总相宜。（宋·苏轼《饮湖上初晴后雨》）

大意：在晴日的阳光照射下，西湖水波荡漾，闪烁着粼粼的金光。风景秀丽，在阴雨的天气里，山峦在细雨中迷蒙一片，别有一种奇特的美。如果要把西湖比作美女西施，那么晴朗的西湖就如同浓妆的西施，而雨天的西湖就像淡妆的西施，都是同样的美丽无比。

三年级下册

万壑树参天，千山响杜鹃。（唐·王维）

大意：千山万壑之中，都是参天的大树，到处响起了杜鹃的啼鸣。

漠漠水田飞白鹭，阴阴夏木啭黄鹂。（唐·王维）

大意：水田广漠，一行白鹭掠空而飞；夏日浓阴，传来黄鹂婉转的啼声。

雨里鸡鸣一两家，竹溪村路板桥斜。（唐·王建）

大意：在雨中的小山村里，听到一两家里传来鸡鸣声，长着竹子的村边小溪上横跨着一座石桥。

穿花蛱蝶深深见，点水蜻蜓款款飞。（唐·杜甫）

大意：蝴蝶在花丛中穿行，时隐时现。蜻蜓缓缓飞动，时而点着水面。

池上碧苔三四点，叶底黄鹂一两声。（北宋·晏殊）

大意：三四片碧苔点缀着池中清水，一两声黄鹂的歌声从树上传来。

绳在细处断，冰在薄处裂。

大意：问题总是出在薄弱环节上。

亲身下河知深浅，亲口尝梨知酸甜。

大意：亲自下河才知道河的深与浅，亲口品尝梨子才知道梨的酸与甜。比喻任何事情只有自己亲自做了才知道。

莫看江面平如镜，要看水底万丈深。

大意：看问题不能被事物的表象所迷惑，而要透过现象看到事物的本质，这样才能解决问题或躲开危险。

花盆里长不出苍松，鸟笼里飞不出雄鹰。

大意：指环境对人或事物的影响之大。

日日行，不怕千万里；常常做，不怕千万事。

大意：天天走路，就不怕路途遥远；经常做事，就不怕事情很多。

少壮不努力，老大徒伤悲。（汉·无名氏）

大意：年纪小的时候不努力学习上进，等到年纪大了只有枉自悲伤了。

花有重开日，人无再少年。（元·关汉卿）

大意：花谢了会再开，人老了则不会再年轻了。

一日之计在于晨，一年之计在于春。（南朝·萧绎）

大意：一天的事情要在早晨就想好，一年的事情要在春天就想好。

黑发不知勤学早，白首方悔读书迟。（唐·颜真卿）

大意：少年时光知道玩，不知道好好学习，到老的时候才后悔，后悔自己年少时为什么不知道要勤奋学习。

小时不识月，呼作白玉盘。（唐·李白）

大意：小时候不认识月亮，把它叫成白玉盘。

月来满地水，云起一天山。（清·郑板桥）

大意：月亮出来了，地上的月光像水一样；云层厚的时候，天上像有连绵起伏的山峰。

露从今夜白，月是故乡明。（唐·杜甫）

大意：今日正是白露节，望月怀思，觉得故乡的月亮更圆更亮。

峡深明月夜，江静碧云天。（唐·张祜）

大意：山谷很深，但有明月相陪；江水很静，但有白云碧天相伴。形容景色优美，山水秀丽。

日落胭脂红，无雨必有风。

大意：这是一条气象谚语，意思是当太阳落山时，如果太阳呈深红色，那么第二天即使没有雨也一定会刮风。

夜里星光明，明朝依旧晴。

大意：这是一条气象谚语，意思是晚上星光闪烁，没有乌云的话，明天仍然是晴天。

今夜露水重，明天太阳红。

大意：这是一条气象谚语，意思是今晚露水太重，明天必定是晴天。

有雨山戴帽，无雨山没腰。

大意：这是一条气象谚语，意思是云在山头上，盖住了山顶，像戴了一顶帽子一样，就要下雨；云在山的中间，看不见山腰，就是晴天。

久晴大雾必阴，久雨大雾必晴。

大意：这是一条气象谚语，意思是很长时间的晴天后，如果出现大雾的话，一定会是阴天；下雨很多天后，如果出现大雾的话，一定会是晴天。

海内存知己，天涯若比邻。（唐·王勃）

大意：四海之内有知己朋友，即使远在天边，也感觉像邻居一样近。

海上生明月，天涯共此时。（唐·张九龄）

大意：大海上升起一轮明月，远在天涯海角的亲人、友人，此时此刻也和我共享着同一轮明月。

久旱逢甘雨，他乡遇故知。（南宋·洪迈）

大意：干旱了很久，忽然遇到一场好雨；身在异乡，巧遇老友。形容盼望已久终于如愿的欣喜心情。

岁寒知松柏，患难见真情。

大意：天气越冷，越能看得出来松柏不怕寒冷，依然是绿色的；在患难的时候，才能看得出来一个人是否有真正的情义。

千里送鹅毛，礼轻情意重。（南宋·邢俊臣）

大意：比喻礼物虽然微薄，却含有深厚的情谊。

八仙过海，各显神通。

大意：比喻做事各有各的一套办法。也比喻各自拿出本领互相比赛。

孙悟空大闹天宫——慌了神。

大意：指一个人被一件事吓慌了，不知道该怎么办。

韩信点兵——多多益善。

大意：指数量越多越好。

张飞穿针——粗中有细。

大意：指人说话做事表面上好像粗鲁、随便，实际上却审慎、细心。

包公断案——铁面无私。

大意：指公正严明，不怕权势，不讲情面。

姜太公钓鱼——愿者上钩。

大意：指心甘情愿地上圈套。

碧玉妆成一树高，万条垂下绿丝绦。不知细叶谁裁出，二月春风似剪刀。（唐·贺知章《咏柳》）

大意：柳树像碧玉装扮成的美女一样，千万枝柳条像她那绿色的丝带。知道这细嫩的柳叶是谁剪裁的吗？就是那像剪刀的二月春风啊！

胜日寻芳泗水滨，无边光景一时新。等闲识得东风面，万紫千红总是春。（宋·朱熹《春日》）

大意：我选择一个春光明媚的美好日子来到泗水边观花赏草，只见无边无际的风光景物一时间都换了新颜。很容易认识到东风的面貌，它吹得百花开放，万紫千红，到处都是春天的景致。

慈母手中线，游子身上衣。临行密密缝，意恐迟迟归。谁言寸草心，报得三春晖。（唐·孟郊《游子吟》）

大意：慈祥的母亲手里把着针线，为将远游的孩子赶制新衣。临行她忙着缝得严严实实，是担心孩子此去难得回归。谁能说像小草的那点孝心，可报答春晖般的慈母恩惠？

七夕今宵看碧霄，牵牛织女渡河桥。家家乞巧望秋月，穿尽红丝几万条。（唐·林杰《乞巧》）

大意：农历七月初七的七夕节，仰望天空，似乎有牛郎和织女在喜鹊桥相会。家家户户在秋月下乞巧，不知道穿尽了几千条红丝线啊？

云母屏风烛影深，长河渐落晓星沉。嫦娥应悔偷灵药，碧海青天夜夜心。（唐·李商隐《嫦娥》）

大意：云母屏风染上一层浓浓的烛影，银河逐渐斜落，启明星也已下沉。嫦娥想必悔恨当初偷吃不死药，如今独处碧海青天而夜夜寒心。

四年级上册

雾锁山头山锁雾，天连水尾水连天。

大意：大雾弥漫，看不清远处的山峰；水天一色，天水相接。

绿水本无忧，因风皱面。青山原不老，为雪白头。

大意：水本来是没有什么烦愁的，因为它像镜面一样平静没有一点皱纹，但当风吹过的时候就起了波澜，就像起了皱纹；山原来是不会老的，但是因为山顶的白雪而显得好像白了头一样。比喻因为外界的原因导致自己改变。

山山水水处处明明秀秀，晴晴雨雨时时好好奇奇。

大意：无论是山还是水，风景到处都秀丽，无论是晴天还是雨天，景色时时都令人好奇。

重重叠叠山，曲曲环环路。

大意：此为杭州九曲十八涧路亭联的上联，意思是重重叠叠的山峰，曲曲环环的道路。

丁丁冬冬泉，高高下下树。

大意：此为杭州九曲十八涧路亭联的下联，意思是叮叮咚咚的泉水，高高低低的树木。

一径竹阴云满地，半帘花影月笼纱。（北京颐和园月波楼上的对联）

大意：小路两边幽竹茂盛，竹丛的影子投下来，路上像是铺满了或浓或淡的云。入夜后，帘纱半卷，月光如泻，四周好像罩上一层薄纱，各种花木的影子印在窗帘上，深深浅浅的，很是好看。

树红树碧高低影，烟淡烟浓远近秋。（四川青城山真武殿上的对联）

大意：写福唐观周围各种树相掺杂，烟雾缭绕的景象。

四面荷花三面柳，一城山色半城湖。（山东济南大明湖的对联）

大意：这是山东济南大明湖铁公祠（祀明人铁铉）的楹联，写大明湖风光的美丽：湖水的四周都是荷花，三面垂着杨柳，一城的山色有半城映照在湖中。

清风明月本无价，近水遥山皆有情。（江苏苏州沧浪亭上的对联）

大意：清风与明月这样悠然的自然景色原本就是无价的，可遇而不可求的，而眼前的流水与远处的山峦相映成趣，别有一番情趣。

忽如一夜春风来，千树万树梨花开。（唐·岑参）

大意：忽然好像一夜春风吹来，千树万树洁白的梨花斗艳盛开。

横看成岭侧成峰，远近高低各不同。不识庐山真面目，只缘身在此山中。（宋·苏轼《题西林壁》）

大意：横看是蜿蜒山岭，侧看是险峻高峰，远近高低看过去千姿百态不相同。之所以不能认识庐山的真实面目，是因为身处在这层峦叠嶂深山中。

莫笑农家腊酒浑，丰年留客足鸡豚。山重水复疑无路，柳暗花明又一村。箫鼓追随春社近，衣冠简朴古风存。从今若许闲乘

月，拄杖无时夜叩门。（宋·陆游《游山西村》）

大意：不要笑话农家的酒浑，丰收之年有丰足的佳肴款待客人。一重重山，一道道水，疑惑无路可行时，忽见柳色浓绿，花色明丽，一个村庄出现在眼前。你吹着箫，我击着鼓，结队喜庆，春社祭日已经临近，布衣素冠，简朴的古风依旧保存。从今日起，如果允许乘着月光闲游，我这白发老翁也要随夜乘兴，拄着拐杖，敲开柴门。

故人西辞黄鹤楼，烟花三月下扬州。孤帆远影碧空尽，惟见长江天际流。（唐·李白《黄鹤楼送孟浩然之广陵》）

大意：老朋友辞别西边的黄鹤楼，在百花盛开的三月去繁华的扬州。孤独的帆船远去的影子在蔚蓝的天空里消失了，只看到长江水向天边奔流。

渭城朝雨浥轻尘，客舍青青柳色新。劝君更尽一杯酒，西出阳关无故人。（唐·王维《送元二使安西》）

大意：渭城早晨一场春雨沾湿了轻尘，客舍周围青青的柳树格外清新。老朋友请你再干一杯饯别酒吧，出了阳关西路就再也见不到老朋友了。

故人具鸡黍，邀我至田家。绿树村边合，青山郭外斜。开轩面场圃，把酒话桑麻。待到重阳日，还来就菊花。（唐·孟浩然《过故人庄》）

大意：老友准备了鸡肴黍米饭，请我到田园农家闲谈。绿树把村子轻轻地环抱，青山在城外远远地倾斜。开窗面对着晒场和菜园，对酒谈论蚕桑和棉麻。待到九月重阳日那一天，还要到此来共同赏菊花。

大江歌罢掉头东，邃密群科济世穷。十年面壁图破壁，难酬蹈海亦英雄。（周恩来《大江歌罢掉头东》）

大意：唱罢“大江东去”，毅然掉头东渡日本，以掌握各门学科来拯救濒临绝境的中国。十年寒窗为的正是要让中国这条东方睡龙振奋起来，昂首腾飞。如果理想实现不了，即使跳海而死，也称得上英雄。

四年级下册

大漠孤烟直，长河落日圆。（唐·王维）

大意：浩瀚沙漠中一缕烽烟直上云霄，长长的黄河岸边一轮落日又大又圆。

几行红叶树，无数夕阳山。（清·王士祯）

大意：远处有几行红了叶子的树，还有无数披着夕阳的山。描绘了一幅美好的景色。

落木千山天远大，澄江一道月分明。（北宋·黄庭坚）

大意：群山上树叶飘落，天空则因秋高而显得远大。江水清澈，在傍晚月光的辉映之下，犹如一道白练。

浮天水送无穷树，带雨云埋一半山。（南宋·辛弃疾）

大意：天边的流水远送无穷的树色，雨中阴云埋掉一半青山。

春江潮水连海平，海上明月共潮生。（唐·张若虚）

大意：春天的江潮水势浩荡，与大海连成一片，一轮明月从海上升起，好像与潮水一起涌出来。

言必信，行必果。

大意：说话一定守信用，做事一定有结果。

与朋友交，言而有信。

大意：和朋友相处，说话就要算数。

己所不欲，勿施于人。

大意：自己不想要的东西，不要施加给人家。

精诚所至，金石为开。（东汉·王充）

大意：人的诚心所至，能感动天地，使金石为之开裂。比喻只要专心诚意去做，什么疑难问题都能解决。

爱人者，人恒爱之；敬人者，人恒敬之。

大意：爱别人的人，别人总会爱他；尊敬别人的人，别人总会尊敬他。

老吾老，以及人之老；幼吾幼，以及人之幼。

大意：尊敬自己的父母长辈，从而推广到尊敬所有人的父母长辈；爱护自己的孩子，从而推广到爱护所有人的孩子。

运筹帷幄，决胜千里。（原文为："运筹帷幄之中，决胜千里之外。"西汉·司马迁）

大意：在军帐中运用计谋，就能决定千里之外战斗的胜利。

攻其无备，出其不意。（《孙子兵法》）

大意：出兵攻击对方不防备的地方。后亦指行动出乎人的意料。

采菊东篱下，悠然见南山。（东晋·陶渊明）

大意：在东墙下采撷菊花，悠然间那远处的南山映入眼帘。

人闲桂花落，夜静春山空。（唐·王维）

大意：春天寂静无声，桂花不知不觉地凋落。寂静使春夜里的山更让人觉得空荡荡。

竹外桃花三两枝，春江水暖鸭先知。（北宋·苏轼）

大意：竹林外的桃树已经开出三两枝桃花，春天的江水开始转暖了，早起的鸭子下水了，它们率先知道这个消息。

黄梅时节家家雨，青草池塘处处蛙。（南宋·赵师秀）

大意：梅雨时节，家家户户门前都下着雨；青草丛中，池塘里，到处都是青蛙。

鹅湖山下稻粱肥，豚栅鸡栖半掩扉。（唐·王驾）

大意：鹅湖山下，庄稼长势喜人，猪圈、鸡笼等的门也没关。说明在社日那天，猪、鸡等家畜、家禽都被杀来吃了。

独出前门望野田，月明荞麦花如雪。（唐·白居易）

大意：独自走出大门，看到的是一大片的田地，因为有月亮的照射，田地里的荞麦花如雪花一般。

聚沙成塔，集腋成裘。

大意：聚细沙能成宝塔，聚狐狸腋下之皮能制一件皮袍。比喻积少成多。

水滴石穿——非一日之功。

大意：水滴把石头磨穿，不是一天时间的工夫。比喻成绩的取得是长期积累的结果。

早开的梅花——一枝独秀。

大意：指特别突出，超群出众。

砌墙的砖头——后来居上。

大意：用砖头砌墙，后来用的砖头摆在了上面。比喻在某个竞赛或者竞技中，落后的赶超了前面的，后来的超过先前的。也常用以称赞后起之秀超过前辈。

关羽失荆州——骄兵必败。

大意：关羽因为主观上有骄傲情绪，判断中轻敌，在与敌较量中失去了荆州这个地方。指有骄傲情绪的人一定会失败。

周瑜打黄盖——一个愿打，一个愿挨。

大意：指双方都心甘情愿的事情。

众鸟高飞尽，孤云独去闲。相看两不厌，只有敬亭山。（唐·李白《独坐敬亭山》）

大意：鸟儿们飞得没有了踪迹，天上飘浮的孤云也不愿意留下，慢慢向远处飘去。只有我看着高高的敬亭山，敬亭山也在默默无语地注视着我，我们俩谁也不会觉得厌烦。谁能理解我此时寂寞的心情？只有这高高的敬亭山了。

湖光秋月两相和，潭面无风镜未磨。遥望洞庭山水色，白银盘里一青螺。（唐·刘禹锡《望洞庭》）

大意：洞庭湖的水光与秋月交相融和，水面波平浪静就好像未磨的铜镜。远远望去洞庭湖山水一片翠绿，恰似白银盘子托着青青的田螺。

江南好，风景旧曾谙。日出江花红胜火，春来江水绿如蓝。能不忆江南？（唐·白居易《忆江南》）

大意：江南的风景多么美好，如画的风景久已熟悉。太阳从江面升起时江边的鲜花比火红，春天到来时碧绿的江水像湛蓝的蓝草。怎能叫人不怀念江南？

绿遍山原白满川，子规声里雨如烟。乡村四月闲人少，才了蚕桑又插田。（宋·翁卷《乡村四月》）

大意：山坡田野间草木茂盛，平展的稻田里波光粼粼。天空中烟雨蒙蒙，杜鹃声声，大地一片欣欣向荣的景象。乡下的四月没事的人很少。养完了蚕，又开始种地。

昼出耘田夜绩麻，村庄儿女各当家。童孙未解供耕织，也傍桑阴学种瓜。（南宋·范成大《四时田园杂兴》）

大意：白天出去锄草夜间搓细麻，农家的儿女每个人都会持家。小孩子不懂得耕田和织布，也靠近桑树下学着种瓜。

西塞山前白鹭飞，桃花流水鳜鱼肥。青箬笠，绿蓑衣，斜风细雨不须归。（唐·张志和《渔歌子》）

大意：西塞山前，白鹭在自由自在地飞翔，桃花盛开，江水潺潺，肥大的鳜鱼在水里游着。渔父戴着青箬笠，穿着绿蓑衣，在斜风细雨中乐而忘归。

五年级上册

温故而知新。

大意：温习旧的知识因而获得新的知识。

一日无书，百事荒芜。（西晋·陈寿）

大意：一天没有看到书，做其他一切事情都没有心情了。强调读书的重要性。

读书破万卷，下笔如有神。（唐·杜甫）

大意：将万卷书读破了，下笔写文章就如有神助。比喻要想写出好文章，就要多读书。

书犹药也，善读之可以医愚。（西汉·刘向）

大意：书像是良药，好好读可以治疗愚昧无知。

黑发不知勤学早，白首方悔读书迟。（唐·颜真卿）

大意：少年时光知道玩，不知道好好学习，到老的时候才后悔，后悔自己年少时为什么不知道要勤奋学习。

读书有三到，谓心到、眼到、口到。（南宋·朱熹）

大意：读书有三到，叫做心到、眼到、口到。

日出而作，日入而息。（《庄子》）

大意：太阳升起就起来劳动，太阳下山就休息。

悠悠天宇旷，切切故乡情。（唐·张九龄）

大意：在空旷的天宇之下，我思乡的心情更加迫切了。

浮云终日行，游子久不至。（唐·杜甫）

大意：天上的浮云整天飘来飘去，而远方的游子却久久不至。

落叶他乡树，寒灯独夜人。（唐·马戴）

大意：他乡的树已经落叶了，寒夜的孤灯独照我一人。

明月有情应识我，年年相见在他乡。（清·袁枚）

大意：如果明月有情的话，它应该认识我啊，因为每年我们都能在他乡相见。

家在梦中何日到，春生江上几人还？（唐·卢纶）

大意：家乡只在我的梦里，什么时候才能回去呢？你看那春天的江面上来来往往的人，有几个是回去的呢？

江南几度梅花发，人在天涯鬓已斑。（金·刘著）

大意：记不清东南的梅花开了有多少次了，离开家乡的我已是双鬓斑白。

鸟宿池边树，僧敲月下门。（唐·贾岛）

大意：鸟栖息在池塘边的树枝上，晚归的僧人在月光下轻轻敲着寺院的门。

世上无难事，只怕有心人。

大意：只要肯下决心去做，世界上任何困难都能克服。

欲要看究竟，处处细留心。

大意：想要把事情（问题）搞清楚、弄明白，那就要处处注意仔细观察。这句话说明了平时养成注意观察的良好习惯的重要性。

虚心万事能成，自满十事九空。

大意：虚心做事，万事都能成功；如果骄傲自满，则十件事有九件会失败。

滴水能把石穿透，万事功到自然成。

大意：一滴一滴的水可以把石头穿透；一切事情，只要努力，就自然会成功。比喻持之以恒、不断努力就会成功。

宝剑锋从磨砺出，梅花香自苦寒来。

大意：宝剑锋利的剑刃是通过磨剑石的不断研磨而形成的；梅花之所以香气袭人，是因为它不畏严寒，以顽强的生命力使自己在冬季得以生存，而冬季别的花都已凋谢，只有梅花绽放显得格外香。比喻一个人要想取得成功，就要能吃苦。

绳锯木断，水滴石穿。（南宋·罗大经）

大意：用绳子当锯子，能把木头锯断。水一直往下滴，时间长了能把石头滴穿。比喻只要有恒心，不断努力，事情就一定能成功。

兄弟敦和睦，朋友笃诚信。（唐·陈子昂）

大意：兄弟之间要崇尚和睦，朋友之间要注重诚信。

孝在于质实，不在于饰貌。（汉·桓宽）

大意：孝敬长辈在于内心充满敬意与爱心，而不在于一些表面上的花哨形式。

爱亲者，不敢恶于人；敬亲者，不敢慢于人。（《吕氏春秋》）

大意：一个懂得热爱自己父母的人，就不敢厌恶别人的父母；一个懂得尊敬自己父母的人，就丝毫不敢怠慢别人的父母。

非淡泊无以明志，非宁静无以致远。（三国·诸葛亮）

大意：不看轻世俗的名利，就不能明确自己的志向；不是身心宁静，就不能实现远大的理想。

外甥打灯笼——照旧（舅）。

大意：指跟原来一样，没有变化。

孔夫子搬家——尽是输（书）。

大意：指赌博或比赛的结果都是输的。

小葱拌豆腐——一清（青）二白。

大意：指十分清白或非常清楚。

上鞋不用锥子——真（针）好。

大意：称赞某个事物或某件事情确实很好。

四月的冰河——开动（冻）了。

大意：指车辆开始启动、机器开始运转、队伍开始前进等。

隔着门缝吹喇叭——名（鸣）声在外。

大意：指很有名望。

京口瓜洲一水间，钟山只隔数重山。春风又绿江南岸，明月何时照我还。（宋·王安石《泊船瓜洲》）

大意：从京口到瓜洲只是一江之隔，从京口到南京也只隔着几座山。春风又吹绿了长江南岸。明月什么时候才能照着我回到故乡？

洛阳城里见秋风，欲作家书意万重。复恐匆匆说不尽，行人临发又开封。（唐·张籍《秋思》）

大意：洛阳城里已经刮起了秋风，我想写一封家书，将万重心意与亲人沟通。唯恐时间急迫，匆忙中没能表达说不尽的心事，待捎信的人要走的时候，我又拆开了封好的信封。

山一程，水一程，身向榆关那畔行，夜深千帐灯。风一更，雪一更，聒碎乡心梦不成，故园无此声。（清·纳兰性德《长相思》）

大意：爬山走一程，涉水走一程，朝着关外山海关那个方向走。到了夜深人静的时候，千家万户都点起了灯火。风一阵阵，雪一阵阵，嘈杂的声音打碎我思乡的心和未做完的梦，而在故乡的家园却没有这种杂乱的声音。

红军不怕远征难，万水千山只等闲。五岭逶迤腾细浪，乌蒙磅礴走泥丸。金沙水拍云崖暖，大渡桥横铁索寒。更喜岷山千里雪，三军过后尽开颜。（毛泽东《七律·长征》）

大意：红军不会畏惧远征的艰辛，千山万水化作区区小事不足道来。五座大山蜿蜒荡起细小的波浪，高峻的乌蒙山也如脚下流动的泥丸，金沙江的水波拍打着温暖的悬崖，大渡河上横跨了寒冷的铁索桥。最是欢喜岷山的千里白雪，三军将士过了此处都笑逐颜开。

风雨送春归，飞雪迎春到。已是悬崖百丈冰，犹有花枝俏。俏也不争春，只把春来报。待到山花烂漫时，她在丛中笑。（毛泽东《卜算子·咏梅》）

大意：风雨将春天送走了，飞雪又把春光迎来。正是悬崖结下百丈冰柱的时节，但仍然有花枝俏丽竞放。俏丽但不掠春光之美，只是把春天消息来报告。待到山花开满大地时，梅花就在花丛中欢笑。

五年级下册

天行健，君子以自强不息。

大意：天（即自然）的运动刚强劲健，相应于此，君子应刚毅坚卓，发愤图强。

有志不在年高，无志空长百岁。

大意：有志气、有理想不在于年龄大小；没有志气、没有理想年龄再大也是白活。

莫等闲、白了少年头，空悲切。（南宋·岳飞）

大意：千万不要随便虚掷了少年时光，等到头发白了，悲切也无济于事。

少年易老学难成，一寸光阴不可轻。（南宋·朱熹）

大意：这是朱熹用切身体会告诫年轻人的经验之谈。说明人生易老，学问难成，因而必须珍惜时间，重视每一寸光阴。

路漫漫其修远兮，吾将上下而求索。（先秦·屈原）

大意：前面的路程遥远而又漫长，我要上天下地到处去寻觅。

不积跬步，无以至千里；不积小流，无以成江海。

大意：不积累小步，就没有借以远达千里的办法；不汇聚细流，就没有借以成为江海的办法。

地满红花红满地，天连碧水碧连天。

大意：这是回文联。水池中落满红花，红花染红了池子；天连着碧水，水映得天空碧蓝。

一夜五更，半夜二更有半；三秋九月，中秋八月之中。

大意：一夜分为五更，半夜就是二更半；七月到九月这三个月是秋天，中秋节在八月。

《史记》是史家之绝唱，无韵之《离骚》。（鲁迅）

大意：这是说《史记》具有很高的历史价值和文学成就。

战无不胜，攻无不克。（《战国策》）

大意：作战没有不取得胜利的，进攻没有攻不下的。形容军队力量强大，百战百胜。

良药苦口利于病，忠言逆耳利于行。（西汉·司马迁）

大意：好的药虽然吃到嘴里是苦的，但却有利于治疗疾病；中肯的话语虽然不好听，但对你的行动却有帮助。

秀才不出门，尽知天下事。

大意：读书人即使不出家门，也能知道天下所发生的事情。

刘关张桃园结义——生死之交。

大意：指可以共生死的朋友。

孔明借东风——巧用天时。

大意：指巧借外力来达到自己的目的。

关公赴会——单刀直入。

大意：指说话直截了当，不绕弯子。

徐庶进曹营——一言不发。

大意：指一句话也不说。

梁山泊的军师——无（吴）用。

大意：指没有什么用处。

孙猴子的脸——说变就变。

大意：指变化多端、迅速，难以预料。

九曲黄河万里沙，浪淘风簸自天涯。如今直上银河去，同到牵牛织女家。（唐·刘禹锡《浪淘沙》）

大意：万里黄河弯弯曲曲挟带着泥沙，来自天涯的大风吹得滚滚波涛簸荡不已。现在可以沿着黄河直上银河去，我们一起去寻访牛郎织女的家。

黄河远上白云间，一片孤城万仞山。羌笛何须怨杨柳，春风不度玉门关。（唐·王之涣《凉州词》）

大意：远望黄河，黄河就好像是从白云中流出来的一般，在万仞高山的脚下，一座孤单的城池坐落在那里。何必用羌笛吹奏《折杨柳》这首哀怨的思念家乡的曲子？就算是春风也吹不到玉门关外的。

草铺横野六七里，笛弄晚风三四声。归来饱饭黄昏后，不脱蓑衣卧月明。（唐·吕洞宾《牧童》）

大意：青草像被谁铺开在地上一样，方圆六七里都是草地，晚风中隐约传来三四声牧童悠扬的笛声。牧童放牧归来，在吃完晚饭后的黄昏时分，他连蓑衣都没脱，就愉快地躺在草地上欣赏天空中的明月。

一叶渔船两小童，收篙停棹坐船中。怪生无雨都张伞，不是遮头是使风。（宋·杨万里《舟过安仁》）

大意：两个儿童坐在一只如扁舟般的小船上，奇怪的是他们在船上却不用篙和棹，怪不得没下雨他们也张开了伞呢，原来不是为了遮雨，而是想利用伞使风让船前进啊！

茅檐低小，溪上青青草。醉里吴音相媚好，白发谁家翁媪。大儿锄豆溪东，中儿正织鸡笼。最喜小儿无赖，溪头卧剥莲蓬。

（宋·辛弃疾《清平乐·村居》）

大意：草屋的茅檐又低又小，溪边长满绿绿的小草，含有醉意的吴地方音，听起来温柔又美好。那满头白发的是谁家的公婆父老？大儿子，身在河东锄草豆地；二儿子，正忙于编织鸡笼；最令人欢喜调皮的小儿子，横卧在溪头草丛中，剥食着刚刚摘下的莲蓬。

六年级上册

落红不是无情物，化作春泥更护花。（清·龚自珍）

大意：落花不是无情的东西，它落在泥土里化作春泥，还可以将花哺育。

造物无言却有情，每于寒尽觉春生。（清·张维屏）

大意：大自然虽然不会说话，但有感情，冬寒尚未退尽，春天就已经悄悄来临了。

今夜偏知春气暖，虫声新透绿窗纱。（唐·刘方平）

大意：今晚，我忽然感到春天的温暖气息，还听到春虫的叫声穿透绿色的窗纱。

此夜曲中闻折柳，何人不起故园情？（唐·李白）

大意：在今夜，听到哀伤的《折杨柳》，能不勾起思乡之情吗？

唯有民魂是值得宝贵的，唯有他发扬起来，中国才有真进步。（鲁迅）

大意：强调中华民族之魂的重要性，只有发扬中华民族之魂才能促进中国的真正的进步。

轻诺必寡信。

大意：轻易答应人家要求，一定很少守信用。

民无信不立。

大意：一个人或者一个国家，如果不能得到老百姓的信任就要垮掉。

不精不诚，不能动人。（《庄子》）

大意：对人不真诚，就不能打动别人。

诚者，天之道也；诚之者，人之道也。

大意：诚实是天道的法则；做到诚实是人道的法则。（即天生诚实的人，不必勉强为人处事是否合理，不必考虑言语是否得当。）

有所期诺，纤毫必偿；有所期约，时刻不易。（南宋·袁采《袁氏世范》）

大意：答应别人的东西，一丝一毫也不能少；与人约好的时间，一时一刻也不能改。

但存方寸地，留与子孙耕。（《增广贤文》）

大意：给子孙后代留下一些可耕之地。也指留下一颗善良的心，传给后代教育子孙。

有的人活着，他已经死了；有的人死了，他还活着。（臧克家）

大意：有的人虽然没死，但是在精神上他已经死掉了。有的人虽然死了，但是他的精神依然存在。

横眉冷对千夫指，俯首甘为孺子牛。（鲁迅）

大意：横眉冷对众人的指斥、詈骂和诅咒，俯下身子愿为百姓做孺子牛奉献一切。

其实地上本没有路，走的人多了，也便成了路。（鲁迅）

大意：路是人走出来的，要敢为天下先，敢于披荆斩棘，勇于开拓创新。

时间就是性命。无端的空耗别人的时间，其实是无异于谋财害命的。（鲁迅）

大意：劝人要珍惜别人的宝贵时间。

昔我往矣，杨柳依依。今我来思，雨雪霏霏。（《诗经》）

大意：当初我出征时，杨柳依依随风吹。如今我回来时，大雪纷纷满天飞。

阳春白雪，下里巴人。

大意：阳春白雪比喻高深的不通俗的文学艺术，下里巴人比喻通俗的文学艺术。

好雨知时节，当春乃发生。随风潜入夜，润物细无声。野径云俱黑，江船火独明。晓看红湿处，花重锦官城。（唐·杜甫《春夜喜雨》）

大意：好雨像知道季节变化，到了春天就降临。伴随着春风悄悄地飘洒在夜里，滋润着万物，细微而没有声音。田野里的小路、乌云，全部乌黑，只有江中船上的灯火明亮。到天亮时，再看那红色的湿漉漉的地方，春花沉甸甸的，装点着锦官城。

明月别枝惊鹊，清风半夜鸣蝉。稻花香里说丰年，听取蛙声一片。七八个星天外，两三点雨山前。旧时茅店社林边，路转溪桥忽见。（宋·辛弃疾《西江月·夜行黄沙道中》）

大意：明亮的月光惊起了正在栖息的乌鹊，它们离开枝头飞走了。在清风吹拂的深夜，蝉儿叫个不停。稻花香里，一片蛙声，好像是在诉说好年成。不一会，乌云遮住了月亮。只有远方的天边还有七八颗星星在闪烁，山前竟然落下几点雨。行人着急了，那土地庙树丛旁边过去明明有个茅店可以避雨，现在怎么不见了？他急急从小桥过溪，拐了个弯，茅店就出现在他的眼前。

孤村落日残霞，轻烟老树寒鸦。一点飞鸿影下。青山绿水，白草红叶黄花。（元·白朴《天净沙·秋》）

大意：一个村庄孤独地坐落在晚霞之中。轻淡的烟雾下，几只乌鸦栖息在老树上，时不时发出几声令人心寒的啼叫。一只鸿雁飞来，在地面上投映下小小的影子。随着它的身影望去，远方是一片青色的山岱和碧绿的湖水，还有那点缀在山水之间的白色小草、红色枫叶和黄色菊花。好一派浓浓的秋景啊！

大漠沙如雪，燕山月似钩。何当金络脑，快走踏清秋。（唐·李贺《马诗》）

大意：在燕山大漠，明月如银钩。什么时候才能给我的马儿戴上华贵的马笼头，在秋高气爽的日子里飞快地奔驰呢？

六年级下册

人非生而知之者，孰能无惑？（韩愈《师说》）

大意：人不是生下来就知道一切道理的，谁能没有疑难问题？

一鼓作气，再而衰，三而竭。

大意：第一次击鼓，士兵的士气很旺盛；再次击鼓，士气渐渐衰弱；第三次击鼓，士气已枯竭了。比喻干事情开始的时候还很起劲，越往后就越失去斗志。

甘瓜苦蒂，天下物无全美。（《墨子》）

大意：甜瓜很甜，但瓜蒂却是苦的，天下没有十全十美的事物。

种树者必培其根，种德者必养其心。（明·王守仁《传习录》）

大意：种树木必须将树木的根系培养好，修养品德的人必须先培养好自己的心性。

操千曲而后晓声，观千剑而后识器。（南朝·刘勰《文心雕龙》）

大意：练习一千支乐曲之后才能懂得音乐，观察过一千柄剑之后才知道如何识别剑器。

百里不同风，千里不同俗。

大意：相隔百里，两地的生活风气不同；相隔千里，两地的生活习俗不同。指不同的地方有不同的风俗习惯。

明日复明日，明日何其多。我生待明日，万事成蹉跎。世人苦被明日累，春去秋来老将至。朝看水东流，暮看日西坠。百年明日能几何？请君听我明日歌。（清·钱鹤滩《明日歌》）

大意：总是明日又明日，明日是何等的多啊！如果天天等待明天，那么只会虚度时光，永远一事无成。一般的人苦于被明日牵累，春去秋来衰老将到。早晨看河水向东迅速流逝，傍晚看太阳向西瞬息坠落。人的一生能有多少个明天？请您听我的明日歌吧。

爆竹声中一岁除，春风送暖入屠苏。千门万户曈曈日，总把新桃换旧符。（宋·王安石《元日》）

大意：在噼噼啪啪的爆竹声中，送走了旧年迎来了新年。人们在饮美味的屠苏酒时，又有和暖的春风扑面而来，好不惬意！天刚亮时，家家户户都取下了旧桃符，换上新桃符，迎接新春。

玉颗珊珊下月轮，殿前拾得露华新。至今不会天中事，应是嫦娥掷与人。（唐·皮日休《天竺寺八月十五日夜桂子》）

大意：桂花从天而降，好像是从月亮上掉下来似的，拾起殿前的桂花，只见其颜色洁白、新鲜。我到现在也不明白吴刚为什么要跟桂花树过不去，这桂花大概是嫦娥撒下来的吧！

清明时节雨纷纷，路上行人欲断魂。借问酒家何处有？牧童遥指杏花村。（唐·杜牧《清明》）

大意：清明节这天细雨纷纷，路上远行的人好像断魂一样迷乱凄凉。向人询问哪里有酒家，牧童远远地指了指杏花村。

为人进出的门紧锁着，为狗爬出的洞敞开着，一个声音高叫着：爬出来吧，给你自由！我渴望自由，但我深深地知道——人的身躯怎能从狗洞子里爬出！我希望有一天，地下的烈火，将我连这活棺材一齐烧掉，我应该在烈火与热血中得到永生！（叶挺《囚歌》）

大意：该诗抒发了叶挺将军的爱憎分明之情，表现了他作为一个无产阶级革命家的坚贞气节和崇高人格以及其大无畏的革命献身精神。

煮豆持作羹，漉菽以为汁。萁在釜下燃，豆在釜中泣。本自同根生，相煎何太急？（三国·曹植《七步诗》）

大意：锅里煮着豆子，是想把豆子的残渣过滤出去，留下豆汁用来作羹。豆秸在锅底下燃烧，豆子在锅里面哭泣。豆秸和豆子本来是同株所生，何必急于相互折磨呢？

人闲桂花落，夜静春山空。月出惊山鸟，时鸣春涧中。（唐·王维《鸟鸣涧》）

大意：春天寂静无声，桂花不知不觉地凋落。寂静使春夜里的山更让人觉得空荡荡。月亮出来了，小鸟竟然被月光惊动，时时发出的鸣叫在山涧中回响。

寒雨连江夜入吴，平明送客楚山孤。洛阳亲友如相问，一片冰心在玉壶。（唐·王昌龄《芙蓉楼送辛渐》）

大意：迷蒙的烟雨在夜幕中笼罩着吴地，与浩邈的江水连成一片，天亮时我将送你启程，而我却要独自留下，如同这形单影只的楚山。如果洛阳的亲友询问我的情况，请你一定转告他们，我的一颗心如晶莹剔透的冰贮藏在玉壶中一般。

黄四娘家花满蹊，千朵万朵压枝低。留连戏蝶时时舞，自在娇莺恰恰啼。（唐·杜甫《江畔独步寻花》）

大意：黄四娘家的周围的小路上开满了缤纷的鲜花，千朵万朵的鲜花压得枝条都低低弯下了身。嬉闹的彩蝶恋恋不舍地盘旋飞舞，自由自在的小黄莺叫声婉转动人。

千锤万凿出深山，烈火焚烧若等闲。粉身碎骨浑不怕，要留清白在人间。(明·于谦《石灰吟》)

大意：石灰石经过千锤万凿的辛苦从深山里开采出来，对待烈火的焚烧看似是很平常的事情。对于粉身碎骨这种后果我丝毫不感到害怕，只要能把自己的清白留在这世界上。

咬定青山不放松，立根原在破岩中。千磨万击还坚劲，任尔东西南北风。(清·郑板桥《竹石》)

大意：咬住了青山就绝不肯放松，根须已经深扎在岩石之中。历经千万次磨炼更加坚韧，任凭你东西南北来的狂风。

剑外忽传收蓟北，初闻涕泪满衣裳。却看妻子愁何在，漫卷诗书喜欲狂。白日放歌须纵酒，青春作伴好还乡。即从巴峡穿巫峡，便下襄阳向洛阳。(唐·杜甫《闻官军收河南河北》)

大意：在剑门外忽然听说官军收复了蓟北，刚听到这个好消息，泪水就沾满了衣裳。再看妻子和孩子，哪还有一丝客居的忧伤？我胡乱地卷起诗书，高兴得简直要发狂。在明媚的阳光下，我放声高歌，美好春光将陪伴我回到故乡。马上坐船从巴峡穿过巫峡，然后直下襄阳奔向老家洛阳。

九州生气恃风雷，万马齐喑究可哀。我劝天公重抖擞，不拘一格降人才。(清·龚自珍《己亥杂诗》)

大意：九州内生机勃勃要有风雷激荡，万马齐喑的沉闷局面实在可哀。我劝告天公要重新振作精神，打破一切清规戒律将各种人才降落人间。

(游蕲水清泉寺，寺临兰溪，溪水西流。)山下兰芽短浸溪，松间沙路净无泥，萧萧暮雨子规啼。谁道人生无再少？门前流

水尚能西，休将白发唱黄鸡。（宋·苏轼《浣溪沙》）

大意：（到蕲水县的清泉寺游玩，该寺在兰溪旁边，溪水向西流。）山脚下兰草嫩芽浸入小溪，松林间小沙路干净无泥，傍晚细雨中布谷鸟阵阵啼叫。谁说人老不可再年少？门前流水还能执著奔向西边！不要在老年时感叹时光流逝，人生就会返老还童。

水是眼波横，山是眉峰聚。欲问行人去那边，眉眼盈盈处。才始送春归，又送君归去！若到江南赶上春，千万和春住。（宋·王观《卜算子·送鲍浩然之浙东》）

大意：江南的水就像美人的眼波流转，山就像美人的秀眉相聚。要问远行的人到哪去，到山川秀美的江南。我在东京刚刚送走春天，又要送你到浙东去。如果到了江南，你赶上了春天，千万留住春天。